수능 국어가
난생 처음인
너를 위한

국어
공부의
기술

—

수능 국어가
난생 처음인 너를 위한
실천적 솔루션

국어 공부의 기술

—

흔들리지 않는 내공의 힘,
국어피지컬 기르기

유난히 어려웠던 수능 국어 시험 때문에 지금 많이 불안하죠? 그래서 이 책을 집었을 거고요. 본격적으로 공부를 해보려고 하는데 어떻게 해야 할지 방법을 잘 모를 수도, 아니면 나름 열심히 한 것 같은데 점수가 오르지 않아 실망했을 수도 있겠네요. 어떻게 하면 수능 국어를 효율적이고 전략적으로 공부할 수 있는지 그 해결책을 이 책을 통해 배울 수 있을 거예요.

이 책은 처음부터 정주행해도 좋고, 목차를 보고 흥미로운 부분부터 읽어도 좋아요. 여러분들이 공부하며 한 번쯤 궁금했을, 하지만 선생님이나 친구에게 물어보기 어려웠을 고민들에 대해서도 친절하게 설명했어요. 만약 적당한 답이 보이지 않거나 좀 더 구체적인 설명이 필요하다면, 유튜브 '국어의 기술' 채널에 질문을 남겨도 돼요. 제가 댓글 혹은 영상으로 답변할게요.

우리의 첫인사니까 제 소개를 짧게 할게요. 저는 대학생 때 수능 참고서 『국어의 기술』 시리즈를 썼고, 현재 유튜브 채널 '국어의 기술'을 운영 중이기도 해요. PSAT/LEET 기본서 『논리퀴즈 매뉴얼』, 『강화약화 매뉴얼』 등도 출간했고, 3년 전부터는 '오르비 클래스'에서 독해와 논리를 강의하고 있답니다.

오랜 시간 다양한 채널로 수험생들과 소통하다보니, 다양한 고민들과 공부 방식을 접했어요. 많은 학생들이 비슷한 고민과 잘못된 접근법으로 힘들어한다는 것도 알게 되었고요. 그래서 이런 내용을 엮고 저만의 노하우와 답변을 더해 책으로 공개합니다. 저는 여러분이 국어 때문에 힘들어하거나 포기하지 않길 바라는 마음이에요.

이 책을 통해 국어를 어디서부터 어떻게 시작해야 할지 감조차 오지 않고, 이제 막 수능 국어 공부를 시작하려는 여러분들이 국어 공부 방법의 올바른 방향을 찾고 진정한 내공을 기를 수 있었으면 좋겠습니다.

이해황

전국의 국어 교사가 먼저 읽고 자신 있게 추천합니다

김경애 선생님 책과 노니는 집 학원

이 책은 아이들에게 수능 국어 공부를 언제, 어떻게 해야 하는지 A-Z까지의 테크닉을 가장 쉬운 말로 풀어쓴 '선물 같은 책'입니다. 수능 국어를 이제 막 시작한 고1 제자들에게 선물하면 더없이 좋을 책이네요.

김부건 선생님 대구 오성고등학교

학생들이 이 책을 통해 국어 공부에 대한 막연함을 해소하고, 눈앞의 점수에 연연하기보다는 자신의 국어피지컬을 먼저 키우는 데 집중할 수 있으면 좋겠습니다.

김준휘 선생님 공주대학교 사범대학 부설고등학교

매일 문제를 풀어도 좀처럼 국어 성적이 오르지 않던 학생들의 답답한 속내를 풀어주고, 가려운 부분만 콕 집어 적재적소의 접근법을 제시해 주는 멘토링의 정수가 담긴 책입니다. 학생들이 가지고 있었을 각종 두려움을 차근차근 해소해 주고 있어 한 번쯤은 꼭 읽어보길 권합니다.

김재홍 선생님 수원 유신고등학교

수능 국어의 각 영역별로 물고기를 낚는 가장 효율적인 방법을 제시한 이 책은 수험생들이 수능에서 최고 등급을 받는 데 꼭 필요한 내용만을 담고 있습니다.

김형중 선생님 파주 한민고등학교

불수능으로 더 막막하고 어려워진 수능 국어지만 『국어 공부의 기술』이라는 완벽한 지도와 정확한 나침반이 있으니, 이제는 수능 국어로 향하는 홀로서기의 첫발을 내디뎌 볼 차례입니다.

배성혜 선생님 경산여자고등학교

'국어는 모국어니까 언젠가는 1등급 나올 거예요.'라며 다른 과목 문제집을 펴고 국어 공부를 미루는 학생들에게, 길고 어려워진 지문에 답답함을 호소하며 학원을 다녀야 할지 고민하는 학생들에게 전하고 싶은 이야기로 가득합니다. 꾸준함과 성실함뿐만 아니라 전략이 필요한 국어 영역에서 본인의 취약점을 보완하는 공부 방법을 조언해 주는 담임선생님 같은 책입니다.

> 수능 국어를 이제 막 시작한 고1 제자들에게
> 선물하면 더없이 좋을 책입니다.

신유식 선생님 서울 대진고등학교

무턱대고 문제만 풀며 전략 없이 국어를 공부하던 학생들이 따라만 해도 저절로 수능 국어가 이해되는 흥미로운 책입니다.

서준형 선생님 서울 진선여자고등학교

이 책을 읽고 처음 떠오른 이미지는 싸우는 데 필요한 최소한의 근육만을 남긴 권투선수였습니다. 학생들이 수능 국어 문제를 빠르게 풀어나가는 데 필요한 최소한의 지식과 요령만을 남기고 군살은 모두 뺀 경량급 선수 같았기 때문입니다. 한 마디로 수험생들이 쉽게 읽고, 실천할 수 있도록 만든 '국어피지컬 강화 훈련서'라는 생각이 들었습니다.

신종헌 선생님 온양 한울중학교

학생들은 국어는 감(感)이라고 생각을 합니다. 맞는 말도 틀린 말도 아니겠지요. 하지만 그 감 속에 자신감이 있어야 한다고 봅니다. 많은 학생들이 국어는 어떤 노력을 해야 하는지조차 모릅니다. 『국어 공부의 기술』은 감을 자신감으로 바꿔줄 수 있는 하나의 초석이 되는 책입니다. 완성된 길을 보여줄 수는 없어도 시작을 할 수 있게 도와주는 책이 될 것입니다.

서지우 선생님 광주 국제고등학교

교단에서 학생들을 가르치며 느낀 것은 많은 문제보다는 한 문제라도 제대로 풀 수 있는 기술이 필요하다는 것이었습니다. 일 분 일초가 아까운 지금 『국어 공부의 기술』을 통해 다가오는 불수능을 대비합시다. 황금 같은 시간을 헛되이 보내고 싶지 않다면 당장 이 책을 펼쳐봅시다.

선진하 선생님 양주 백석고등학교

이 책은 기본 개념에 대한 중요성부터 기출문제를 의미 있게 반복하는 법, 심지어는 공부 계획을 세우는 법부터 마인드 셋까지 정말 중요한 이야기들을 고루 담고 있습니다. 서두를 필요 없습니다. 그저 책을 펼치고 한 페이지씩 읽어나가면 됩니다.

유찬호 선생님 11월의 로렐 학원

국어 과목은 시간을 투자하는 즉시 점수화되지 않아 학생들이 공부에 많은 어려움을 겪습니다. 대체로 '어떻게'의 부재 때문이지요. 출제자의 의도와 패턴을 파악하고 적용하는 과정에서 학생의 판단은 점점 날카로워집니다. 이때 비로소 국어 점수가 오릅니다. 의욕이 충만한 학생들에게 그 의욕을 보상해 줄 좋은 지침서가 될 것입니다.

윤홍식 선생님 충주 대원고등학교

이 책은 국어 공부의 전략서이자 기술서로서 수능 국어에서 대박의 자양분이 되리라고 확신합니다. 장차 국가의 대들보가 될 학생 여러분들이 은나라 탕왕처럼 일신우일신의 자세로 긍정적 미래를 꿈꾸며 최선을 다한다면, 이 책은 여러분의 운명을 바꿔줄 마중물이자 나침반이 될 것입니다.

이동익 선생님 든든한 국어 학원

평소 학생들에게 받았던 질문에 응답하는 매우 친절한 책이네요. 또 각 챕터별로 중요 포인트가 요약되어 있어 본인에게 필요한 기술부터 먼저 읽어봐도 좋을 것 같습니다.

이성호 선생님 고려대학교 사범대학 부속고등학교

수능 국어는 문제 선지의 내용이 맞는지, 틀린지 철저하게 지문을 근거로 판단하는 기술을 터득하는 것이 최고의 학습법입니다. 이 책은 이런 학습법을 자연스럽게 체득하게 하여 여러분을 1등급으로 이끌어줄 것입니다.

이종원 선생님 서울 영동일고등학교

국어라는 과목을 대할 때마다 답답하긴 한데 뭐가 답답한지, 왜 답답한지, 어떻게 시원하게 해결할 수 있는지 고민하는 친구라면 이 책의 질문에 누구나 공감할 것이고, 제시하는 공부의 기술에 저절로 고개가 끄덕여질 것입니다. 여기에 반복이라는 노력이 더해진다면 금상첨화가 되겠죠?

이지원 선생님 대전 괴정고등학교

핵심 공부법을 누구나 이해하기 쉽게 다루고 있어 기초가 부족한 학생이라도 1등급으로 도약하기 위한 발판이 될 수 있는 책입니다. 공부법을 제대로 알고 시작해야 원하는 결과에 빨리 도달할 수 있을 것입니다.

전승균 선생님 경산 진량고등학교

매년 수능 국어 앞에 좌절한 학생들을 위로해 줄 책이 나왔네요. 국어를 잘하고 싶은데 국어 공부가 어렵고 국어 점수 때문에 한숨이 나오는 우리 학생들에게 이 책을 추천합니다. 우리 학생들의 답답한 마음을 시원하게 풀어 주는 실전 국어 공부법! 이 책을 통해 국어 공부의 참맛을 느껴 보기 바랍니다.

> 전략이 필요한 국어 영역에서 본인의 취약점을
> 보완하는 공부 방법을 조언해주는
> 담임선생님 같은 책입니다.

▪ 정재윤 선생님   전주 영생고등학교

학생들이 국어 공부를 할 때 꼭 필요한 내용만을 정확하게 꼬집어 내어 명쾌하게 설명해 주고 있습니다. 국어 과목을 어떻게 공부해 나가야 하는지 마음가짐을 알려주고 공부 습관을 잘 들일 수 있는 좋은 멘토가 되는 책입니다.

▪ 정향심 선생님   서울 구일고등학교

이 책은 체계적이고 정교한 국어 공부 기술이 곳곳에 살아 있는 자기주도 국어학습서입니다. 수능 공부를 시작하는 고1 학생이 올바른 공부법을 터득하여 날마다 성장하도록 돕는 가용성 높은 내용으로 채워져 있으며, 스스로 부족한 부분을 알고 꼼꼼하게 학습하여 1등급에 도전하는 고3 학생에게 정공법과 함께 문제 풀이 기술까지 구체적으로 안내해 줍니다.

▪ 조인태 선생님   서울 현대고등학교

이 책은 학생들이 수능 문제를 논리적으로 해결하는 방법을 명쾌하게 제시하고 있습니다. 막연하게 직감으로 문제를 풀어 불안한 학생들이 안정적인 국어피지컬을 키우고 싶다면, 이 책으로 공부하기를 추천합니다.

▪ 최동순 선생님   청주 신흥고등학교

일반적인 공부를 Study라고 한다면, 수능 국어 공부는 Training이라 할 수 있습니다. 공부 방법도 다르게 접근해야 합니다. 처음 모의고사를 접하는 고등학교 초년생에게 수능 국어의 방향성을 보여주고, 어떻게 훈련해야 하는가를 알려주는 나침반이 될 책입니다.

▪ 최수연 선생님   김포 고촌고등학교

우리 학생들을 답답하게 했던 여러 의문점들을 먼저 제시하는 통쾌한 책으로, 딱딱하지 않고 유머러스한 문체 덕분에 글이 술술 읽힙니다. 통독도 좋지만 목차를 보고 자신에게 필요한 부분만 발췌독하여 읽고, 책에서 배운 내용을 반드시 적용해 본다면 여러분의 국어 근력이 강화될 것입니다. 노력에 비해 국어 성적이 오르지 않는 학생들에게 추천합니다.

▪ 현정대 선생님   제주 대기고등학교

출제자의 관점에서의 사고가 기술되어 있어 학생들이 문제를 푸는 스킬 향상에 도움이 될 것으로 기대됩니다.

※ '추천의 글'은 선생님 성함을 가나다 순으로 정리해 수록하였습니다.

📖 **목차**

2장

강인한 국어피지컬 단련을 위한
기출 분석 기술 5

3장

국어피지컬의 디테일을 완성하는
영역별 기술 13

1 **문학의 기술**

2 독서의 기술

3 문법의 기술

4 화법과 작문의 기술

4장

실전에 강한 국어피지컬을 위한
문제 풀이 기술 9

✎ 국어 공부법 진단테스트

다음 항목에서 올바른 국어 공부법이라고 생각하는 것을 골라 ✓ 표시를 하세요.

항목		체크
1.	고1 때부터 모의고사 연습에 집중해야 한다.	☑
2.	국어영역은 오답 노트를 만들어야 한다.	☐
3.	문법은 암기보다 이해가 더 중요하다.	☐
4.	독해를 잘하기 위해서는 문단 요약 훈련이 필수적이다.	☐
5.	고전문학에 가장 많은 시간을 투자해야 한다.	☐
6.	신문 사설을 읽어 수능 독해력을 키워야 한다.	☐
7.	정확도가 떨어지더라도 문제를 빨리 풀어야 한다.	☐
8.	수능 문학 작품은 EBS 연계교재에 나온 것만 보면 된다.	☐
9.	3등급 이하일지라도 LEET를 공부해 고난도 문제에 대비해야 한다.	☐
10.	국어에서 배경지식 공부는 따로 할 필요가 없다.	☐
11.	비싼 사설 모의고사도 꼭 풀어야 한다.	☐
12.	현대시 문제는 주관적이므로 공부 효과가 적다.	☐
13.	기출문제는 수능 직전까지 아껴둬야 한다.	☐
14.	시험지의 1번부터 45번까지 번호 순서대로 푼다.	☐
15.	수능에 나온 한자는 반드시 암기해야 한다.	☐

나의 상태는?

체크 개수 15-10개

아직 본격적으로 국어 공부를 시작하지 않았거나 비효율적인 방법으로 공부하고 있을 가능성이 높습니다. 이 책을 처음부터 끝까지 정독하면서 하나씩 관점을 바꿔나가 봅시다.

체크 개수 9-5개

부분적으로 효율적인 공부 방법을 알고 있거나 일부는 이미 실천하고 있군요. 책의 목차를 보며 자신의 생각과 다른 부분을 먼저 선택적으로 살펴보며 교정해 나갑시다.

체크 개수 4-0개

이미 효과적인 공부 전략만큼은 꿰고 있는 실력자임이 분명합니다. 다만 아직 성적이 높지 않다면 공부량이 부족해서 그럴 가능성이 높으니 공부 시간을 점차 늘려나가세요. 이 책은 공부하다가 머리 식히는 용으로 가볍게 읽어도 좋습니다.

수능 국어가 난생 처음인 너를 위한
국어 궁금증 TOP 5

01 수능 국어, 앞으로의 난이도를 예언한다면?

2019학년도 수능에 이어 2022학년도 수능에서도 국어 영역이 불구어, 아니 용암 국어라는 평가를 받을 만큼 어려웠어요. 이에 학생과 학부모들의 걱정이 이만저만이 아니죠. 제가 듣기로 유명 강사분들도 커리큘럼을 짜는 일로 고민이 크다고 해요. 그동안의 공부 방법과 다르게 가르쳐야 하니까요. 도대체 왜 이렇게 수능 국어가 어려워진 걸까요? 제 생각에는 1) EBS 연계, 2) 영어 절대평가, 3) 수시 확대 때문으로 보입니다.

1) EBS 연계

정부 정책으로 인해 EBS와 수능을 50% 연계해야 하죠. 하지만 문제나 지문을 그대로 내면 변별력이 없지 않겠어요? 그래서 출제기관은 EBS와 비슷한 지문을 출제하되, 문제 난이도를 끌어올려서 변별력을 확보하는 전략을 쓴 것이에요.

2) 영어 절대평가

국어 난이도를 이야기하는데 갑자기 영어 절대평가라니? 세상이 얼마나 복잡하게 연결되어 있는지 알 수 있는 대목이에요. 수능은 대입 자료로서 성적으로 학생을 줄 세우는 기능도 수행하고 있어요. 그런데 영어가 절대평가로 바뀌면서 상대적으로 고득점을 받는 학생들이 늘어나자 다른 과목들이 '줄 세우기' 기능을 분담하게 되었죠. 변별력을 기르기에 가장 좋은 과목인 국어가 더 어려워지게 된 것이랍니다.

3) 수시 확대

2018~2020학년도 서울대학교의 정시모집 비율은 21.5%에 불과했습니다. 정시 비율이 너무 적다는 불만 때문에 2023학년도부터는 정시 비율이 40%까지 올라가긴 하지만, 여전히 수시 비율이 높아요. 상황이 이렇다 보니 수능은 응시자 전체가 아니라 정시를 노리는 상위권 학생들(N수생 포함)을 줄 세우는 역할을 맡게 됐어요. 상위권 학생들을 더 촘촘하게 줄 세우려고 하다 보니 시험이 어려워질 수밖에 없는 것이죠. 애매하게 쉽게 출제했다가는 학생들이 원서 접수할 때 대혼란이 올 테니까요.

앞으로도 수능 국어는 어렵게 나올 가능성이 높습니다.

우리는 불수능을 전제로 공부 계획을 짜는 것이 좋습니다. 애초에 어려운 수능에 대비하다 보면 물수능, 불수능 상관없이 기복 없는 점수를 유지할 수 있을 겁니다. 특히 이제 막 수능 공부에 관심을 갖기 시작한 중3, 고1 학생들은 제가 알려드리는 39가지 '국어 공부의 기술'을 최대한 빨리 습관으로 만들었으면 합니다. 이 기술들만 영리하게 활용해도 불국어에도 끄떡없을 '단단한 국어피지컬'을 내 것으로 만들 수 있을 거예요.

1년 공부해서
국어 1등급 가능할까?

성우를 모집하는 학원 광고가 너무 정직해서 논란이 된 적이 있습니다.

Q) 성우가 될 수 있을까요?

A) 모릅니다. 대부분은 되지 못합니다.

너무 솔직해서 웃음이 나오는 광고네요. 그런데 열심히 하면 수능 국어 100점이 가능하냐는 질문에 저도 똑같이 답할 수밖에 없을 것 같습니다. 엄연한 통계거든요.

(수능 국어 기준)

학년도	응시자 수	만점자 수	만점자 비율
2019	528,595명	148명	0.028%
2020	483,068명	777명	0.161%
2021	419,785명	151명	0.036%
2022	446,580명	28~61명	0.006~0.014%

여러분이 제게 고3 1년 동안 열심히 공부하면 국어 100점을 받을 수 있냐고 물어보면, "모릅니다. 대부분은 못 합니다."라고 말할 수밖에 없습니다. 만약 누군가 "내 강의를 듣기만 하면 누구나 100점이 가능하니 수강해라!"라고 말한다면 그게 바로 전형적인 과장 광고라는 생각이 듭니다. 국어는 벼락치기가 통하는 암기 과목이 아니기 때문이죠.

하지만 절망할 필요는 없습니다. '100점 못 받을 거면 공부할 이유가 없어!'라고 생각하는 수험생은 없을 테니까요. 수능에서 100점이 아니라 1등급(상위 4%)을 받는 것이 목표라면 충분히 해볼 만합니다. 그 방법을 이 책 전체를 통해 풀어 나가겠습니다.

기술의 정리

100점이 아닌 1등급을 목표로 한다면 길은 있어요.

이 책을 책장에 꽂아두고 지금 여러분이 하고 있는 공부 방법이 맞는지 의문이 생길 때마다 찾아보세요. 100점을 보장해주지는 못해도 1등급을 받는 데 큰 도움이 될 겁니다.

03 사설 모의고사는 정말 필수일까?

　　2022학년도 수능이 끝나고 수험생들 사이에서 화제가 된 글이 있습니다. '앞으로 유명 ○○ 사설 모의고사를 푸는 건 필수'라는 글이지요. 이유는 두 가지였습니다. 첫째, 수능이 사설틱(?) 하게 나왔다. 둘째, 유명 ○○ 사설 모의고사에서 독서, 문학이 많이 적중됐다. 그런데 이두 가지 이유 때문이라면 굳이 비싼 사설 모의고사를 풀 필요가 없어요. 먼저 '사설틱'에 대해 생각해보죠. 일반적으로 이 말은 두 가지 의미가 있습니다.

　1) 사설틱[1] : 지문에 나오지 않은 배경지식을 동원해 문제를 풀어야
　　　　하는
　2) 사설틱[2] : 정답으로 가는 사고 과정에 논리적 결함이 있는

2022학년도 수능은 사설틱[1] 하긴 했습니다. 근데 사설틱[2] 하지는 않았어요. 논리적으로 치밀하게 정답이 추론되는 문제였죠. 근데 수능이 사설틱[1]하게 나왔다고 하여, 사설틱[1]한 모의고사를 많이 풀면 과연 성적이 오를까요? 별 관련이 없습니다. 그보다는 뒤에서 다룰 배경지식에 관해 설명한 꼭지를 읽고 공부하는 편이 훨씬 효율적이고 가성비가 좋습니다. 게다가 사설틱[2]한 문제를 많이 풀게 되면, 오히려 판단 기준이 흐려져서 점수가 떨어질 위험도 있어요. 따라서 사설 모의고사를 일부러 풀 필요는 없습니다.

다음으로 적중에 대해 따져보겠습니다. 사설 모의고사가 수능에서 적중했다고 하는 내용을 보면, EBS 연계교재를 보기 좋게 요약정리하거나 변형해서 출제한 경우가 많아요. EBS를 바탕으로 모의고사 문항을 뽑아내다 보면 적중되는 작품이나 제재가 생기는 건 당연하죠. 따라서 적중만이 목적이라면 이 책의 75쪽의 'EBS 연계교재는 영역별로 대처법이 다르다'를 읽어보세요. EBS 연계교재는 풀지 않고 사설 모의고사만 푸는 것이 얼마나 시간 낭비인지 알게 될 거예요.

하지만 적중이 아니라 연습이 목적이라면 사설 모의고사를 푸는 것을 말리지는 않습니다. 특히 N수생은 당장 새롭게 풀어볼 문제가 별로 없을 수도 있어요. 이 경우 EBS 연계교재를 충분히 분석하고 복습한 뒤, 사설 모의고사를 풀어도 좋습니다. 다양한 문제를 많이 풀어

봐서 나쁠 건 없으니까요. 대신 기출 분석도 충분히 하고, EBS 연계 교재도 웬만큼 숙지한 상태에서 모의고사 훈련을 하세요. 모의고사만 무작정 많이 풀다 보면, 뿌듯하긴 한데 의외로 실력은 제자리를 맴도는 경우가 많아요. 기본 실력을 충분히 쌓은 후 약점을 파악하기 위한 용도로 모의고사를 풀어야 합니다.

모의고사 문제의 지문 적중률에 너무 신경 쓸 필요는 없습니다. 시험장에서 '어? 이 지문이랑 비슷한 거 전에 봤는데?!' 하는 느낌을 받아도 문제가 어려워서 풀지 못한다면 아무 소용 없겠죠? 기출 분석을 통해 배경지식을 쌓고 지문 독해력과 문제 풀이 실력을 향상시키는 것을 항상 공부의 중심에 두는 것이 좋습니다.

기출의 정리

적중률 때문이라면 EBS 연계교재가 더 좋습니다.

연습용으로 사설 모의고사를 풀더라도 기출 분석을 충분히 끝낸 다음에 하세요. 친구들이 옆에서 사설 모의고사를 풀고 있다면 마음이 조급할 거예요. 하지만 어떤 문제를 풀더라도 기초가 탄탄하게 뒷받침되어야만 성장할 수 있답니다. 무엇을 푸는지 생각보다 크게 중요하지 않아요.

04 고3 3월 모의고사 점수가 수능까지 그대로 간다고?

1년 중 입시 질문이 폭주하는 때가 언제일까요? 바로 고3 3월 모의고사가 끝난 직후와 성적 발표 직후랍니다. 고1, 2 모의고사 때보다 점수가 확 떨어진 학생들이 많기 때문이에요. 그리고 고3 첫 모의고사 성적이 그대로 수능까지 간다는 소문도 있어서 학생들도 학부모들도 걱정이 이만저만이 아닙니다. 그런데 진짜 무서운 것은 입시 전문기관 진학사의 통계에 따르면 고3 학생 중 82%가 첫 모의고사보다 수능에서 점수가 더 떨어진다는 사실이에요.

여기에는 나름 과학적인 이유가 있어요. 고1, 2 모의고사의 국어 시험은 문제가 상대적으로 쉽게 출제됩니다. 반면 고3 시험은 상대적으로 어렵게 출제되지요. 그래서 점수에 거품이 있던 학생들은 점수가 대폭 떨어집니다. 또한 상위권이던 학생들도 대부분 점수가 하락하는 데요. 고3이 되면 허들의 높이(=문제의 난이도)만 높아지는 게 아니라 같이 뛰는 선수도 추가되기 때문입니다. 고3 6월, 9월 모의평가, 수능 때는 작년에 뛰어 봤던 선수들(=N수생)도 대거 들어옵니다. 그러니 성적이 점점 더 떨어지는 건 어찌 보면 당연한 거죠.

이런 상황에서 가장 큰 문제는 진실을 똑바로 보지 못하는 학생들이에요. '어쩌다가 운이 안 좋아서, 컨디션이 나빠서' 점수가 떨어졌다고 믿는 경우가 있고, 조금만 열심히 하면 점수가 금방 '회복'될 거라고 안일하게 생각하고 모의고사 후에도 평소와 똑같이 공부하죠. 떨어진 성적에 충격만 받고 '아! 두 문제는 안 틀릴 수 있었는데 옆자리에서 다리를 떨어서 집중을 못했네. 다음엔 두 문제 더 맞힐 수 있겠군.'이라고 스스로를 위로하며 틀린 문제의 해설만 한 번 쓱 읽어보고 그냥 넘어간다면, 수능 때 과연 두 문제를 더 맞힐 수 있을까요? 알다시피 수능은 영어, 한국사를 제외한 과목이 상대평가이기 때문에 재학생만 응시하는 교육청 모의고사 등급만 믿고 있다가는 나중에 뒤통수 맞기 십상이에요.

학생들은 국어가 모국어이니 시험도 쉽게 생각하죠. 고3이 되어서야 '본격적으로 문제 좀 풀어 볼까?'라고 생각하는 것이 얼마나 무모한 도전인지 제가 계속 이야기하는 이유를 이제 알겠나요? 고3 때 치르는 모의고사를 통해 지금 자신의 위치가 객관적으로 어디쯤인지,

현재 어느 부분이 부족한지를 확인하는 시간이 되어야 합니다. 확인을 통해 구멍이 난 부분을 메워 나가는 전략적인 공부 방법이 필요하지요. 그러니 고1, 2 때의 국어 점수에 자만하지 말고 국어의 기본기를 제대로 쌓아야 합니다. 그 시작은 일단 자신의 현재 위치를 정확하게 아는 것부터 시작해야 합니다. 어떻게 현재 실력을 알 수 있을까요?

여러분이 예비 고1이든 고3이든 상관없으니 일단 작년 수능 국어 문제를 출력해서 실전처럼 시간을 재면서 풀어 보세요. 그리고 그 점수를 커트라인이랑 비교해서 몇 등급인지 찾아봅시다. 많이 틀려도 괜찮아요. 이를 통해 겸손함을 배울 수 있다면 그것도 큰 수확이고 앞으로의 방향도 잡을 수 있을 거예요. 그 이후의 공부 방법은 제가 이 책에서 자세하게 설명할 테니 참고하면 될 거고요.

기술의 정리

3월 모의고사보다 수능에서 점수가 더 떨어질 수도 있어요.

점수가 떨어졌다고 좌절할 필요가 없답니다. 그 다음이 더 중요해요. 고3 전에는 열심히 국어의 기초를 다져놓고, 고3이 되어서 모의고사를 통해 어느 부분을 더 보충해야 하는지 객관적인 자신의 현재 상황을 아는 것이 중요하지, 점수가 몇 점인지에 집착할 필요는 없어요.

05 모의고사를 본 후 절대 해서는 안 될 두 가지는?

학교나 학원에서 모의고사를 보면 생각보다 잘 볼 때도 있는 반면, 기대에 못 미칠 때도 있을 거예요. 그럴 때면 잘할 수 있을 거라는 믿음이 희미해지고, 불안감도 커지며 초조해지죠. 마음이 약해지다 보니 어디 좋다는 강의, 교재 이야기가 들리면 귀가 솔깃해지기도 하고요. 바로 이럴 때 하면 안 되는 일 두 가지와 해야 할 일 한 가지가 있어요.

하면 안 되는 일 하나 – 현실 회피

시험 당일 운이 나빠서, 컨디션이 안 좋아서, 혹은 시험 문제가 이상해서 등의 이상한 핑계를 대면서 자기 위안을 삼으면 안 돼요. 운이 나빠도, 컨디션이 안 좋아도, 문제가 이상해도 정답을 맞힐 수 있을 만큼의 실력이 없는 것일 뿐이죠. 점수가 안 나왔으면 실력이 부족했다고 인정하는 데서부터 출발해야 발전할 수 있어요. 단순한 정신 승리로는 현실을 바꿀 수 없답니다.

하면 안 되는 일 둘 – 무작정 입시 사이트에 상담하기

무작정 어딘가에 "왜 점수가 안 오르죠?", "점수가 오르려면 어떻게 해야 하죠?"라며 외부에 묻는 건 무의미한 일이에요. 10년간 학생들을 보고, 책을 써 온 저조차도 이런 질문에는 답변을 하기 어려워요. 왜냐하면 사람마다 쌓아온 공부량이 다르고, 실력이 다르기 때문이죠. 의미 있는 상담이 되려면 실제로 시험장에서 푼 시험지, 지금까지 공부한 교재/강의, 공부한 것을 체화한 정도 등을 세밀하게 살펴봐야 해요. 근데 이런 일을 다른 사람이 해 줄 수 있을까요? 답변을 받고 댓글이 달린다고 해도 영양가가 없을 가능성이 높고, 남들이 도움을 받은 강의나 교재가 나에게는 잘 맞지 않을 수도 있어요. 어쩌면 점수가 오르는 방법은 나 자신이 제일 잘 알고 있을 거예요.

그렇다면 모의고사를 본 후 꼭 해야 할 일은 어떤 것이 있을까요?

반드시 해야 할 일 하나 – 자기 자신 분석하기

3월 모의고사뿐만 아니라 6월, 9월 모의평가, 혼자서 모의고사 문제집을 풀었을 때도 마찬가지로 채점 후 자기 자신부터 먼저 분석해야 해요. 구체적으로 시험지를 보며 자신이 푼 흔적을 검토해 보세요. 단순히 해설 강의나 해설지를 통해 틀린 문제를 이해하라는 것이 아니고 다음과 같은 질문을 던져보면서 문제를 통해 나 자신을 분석해 보라는 거예요.

'내가 왜 이 문제를 틀렸을까?', '내가 왜 여기서 시간을 허비했을까?', '내가 어떻게 풀었어야 문제를 맞혔을까?', '내가 공부한 내용임에도 틀린 문제는?', '내가 공부하지 않아서 틀린 문제는?', '내가 이 문제를 맞히려면 무엇을, 어떻게 공부해야 할까?'

모든 것을 '나'를 중심으로 바라보세요. 어떻게 했어야 했는지, 왜 하지 못했는지, 앞으로 어떻게 해야 할지를 고민해봅시다. 사람마다 부족한 점이 다르고 '나'에 대해서 가장 잘 아는 사람은 '나'밖에 없으니 이건 누구도 대신해 줄 수 없는 과정이에요.

모의고사를 본 후, 점수가 아닌 시험지에 남겨진 내 흔적을 살펴야 해요.

모의고사를 망치면 처음부터 끝까지 새로운 관점으로 분석해 보세요. 분석을 끝내면 자연스럽게 남은 기간의 공부 방향이 보일 거예요. 이게 자신에게 최적화된 공부법인 거죠. 무엇보다 이렇게 스스로 결론에 이르렀으면 강하게 믿으며 공부해 나가세요. 물이 끓을 때까지 시간이 필요한 것처럼 반드시 끓을 것이라는 믿음으로 가열차게 공부해 나가는 것이 필요해요.

1장

단단한 국어피지컬 형성을 위한

워밍업 기술 12

01

예비 고1이 해야 할
세 가지 공부 루틴

1. 기초 개념 잡기

수능 국어가 궁금한 중학생과 이제 본격적으로 수능 국어 공부를 시작하려는 고1이라면 무작정 문제를 푸는 것보다는 기초 개념을 잡는 것이 더 중요합니다. 아직은 수능형 문제, 모의고사 점수에 신경 쓰지 않아도 돼요. 기초만 제대로 잡혀있으면 문제 풀이력은 고2, 3 때 금방 향상시킬 수 있거든요.

예를 들어 반어나 역설이 무엇인지 설명할 수 있나요? 분명 중학생 때 배웠을 겁니다. 그런데 그것을 설명할 수 있는 학생은 드뭅니다. 이건 고3, 재수생들도 마찬가지입니다. 김소월의 〈진달래꽃〉에 나오는 '죽어도 아니 눈물 흘리오리다'가 역설인지 반어인지 물어보면 정확히 알지 못하는 경우가 너무 많습니다. 어휘/개념을 한 번만 제대로 정리하고 넘어가면 되는데 이를 게을리하고 무턱대고 문제부터 풀다보니 매번 "나는 기초 개념이 부족해" 같은 이야기를 하는 것이죠. 이 책을 보는 여러분은 늦어도 고2에 올라가기 전까지는 『국어의 기술 0』(신사고, 이해황 저) 등으로 기초 개념부터 탄탄하게 채우길 바랍니다. 기초 개념이 잡혀있고 없고의 차이가 지금 당장은 체감되지 않겠지만, 학년이 올라가고 문제를 풀면 풀수록 그 차이는 크게 벌어질 거예요.

2. 어휘력 강화하기

고등학생이 되면 알아야 할 어휘가 확 늘어납니다. 예를 들어 이름을 지어 붙인다는 '명명'(命名)은 중3 학업 성취도 평가에서 각주로 제시됩니다. 학생들이 모를 수 있으니 친절히 설명해주는 것이죠. 하지만 수능 시험에서는 각주로 설명되는 일이 없습니다. 당연히 알아야 할 단어라고 여기기 때문이죠. '전기적'이라는 단어도 마찬가지입니다. 아마 이 단어를 들으면 머릿속으로 떠오르는 뜻이 한두 개 있을 텐데, 고등학생이라면 세 가지를 알아야 합니다. 교과서와 시험에 세 가지 뜻이 골고루 등장하거든요.

1) 전기적(傳記的) : 일대기적. 어느 한 사람의 일생에 관한 내용을
기록한 (것)
2) 전기적(傳奇的) : 기이하여 세상에 전할 만한 (것)
3) 전기적(電氣的, electric) : 전기로 인하여 일어나는 (것)

다소 어렵게 느껴질 수 있지만, '편재'도 두 가지 뜻을 다 알아야 합니다. 맥락에 따라 편재는 '한쪽에 치우쳐서 존재함'을 뜻할 수도 있고, 혹은 완전히 반대로 '(치우치지 않고) 보편적으로 존재함'을 뜻할 수도 있습니다. 어느 하나의 뜻만 안다면 문장을 이상하게 이해하고 문제도 틀릴 수 있을 거예요.

어휘력을 강화하려면 풍부한 독서와 모르는 단어를 만날 때마다 그때그때 사전을 찾아보는 습관, 둘 다 필요합니다. 또한 사회, 과학 과목을 공부하며 기초 개념을 잘 닦아두는 것도 중요하죠. 수능에 출제되는 국어 지문은 영역을 가리지 않기 때문에 다른 교과 지식이 도움이 될 때가 많습니다. 덧붙여서 제가 쓴 『결국은 어휘력』(신사고, 이해황 저)을 보는 것도 추천합니다. 시중에 어휘책이 많긴 하지만 사전적 뜻풀이만 달랑 소개하는 경우가 대부분입니다. 깊게 설명할 필요가 있는 단어를 엄선했고, 풍부한 예문을 통해 단어의 쓰임을 볼 수 있게 했답니다.

3. 독서로 배경지식 쌓기

독서가 중요하다는 것은 다들 잘 알 거예요. 게다가 수능 국어의 독서 지문이 무척 어려워졌습니다. 과학, 기술 등의 까다로운 주제의 지문도 자주 출제되고요. 따라서 수험 적합도가 높은 책을 꾸준히 읽어나가는 것이 굉장한 경쟁력이 될 수 있습니다. 202쪽 '배경지식은 기출문제 → EBS 연계교재 → 독서 순서로 쌓자'에서 소개한 책들을 한 권씩, 한 권씩 읽어나가세요. 이런 것이 쌓이면 고3이 되어 유명한 강사 강의 듣는 것보다 더 큰 효과를 낼 겁니다.

기술의 정리

예비 고1이라면, 기초 개념부터 시작하세요.

고1 때는 기반을 넓고 탄탄하게 잡는 게 중요해요. 주변에서 모의고사 문제를 분석하고 푼다고 조바심을 낼 필요 없어요. 여러분은 '기초 개념, 어휘력, 독서'에 충실하세요. 기반을 넓고 탄탄하게 다져두면 고3 때 흔들리지 않고 걱정이 없을 거예요. 문제 풀이 훈련은 금방 끝낼 수 있고, 오히려 친구들이 여러분의 국어피지컬을 부러워하게 될 걸요?

02

국어 공부는 매일 아침 80분 단위로 끊어 하자

　당연한 말이고 누구나 하는 말이지만 공부 시간은 많으면 많을수록 좋죠. 그렇다고 단순하게 공부의 양을 늘리는 데 급급해서는 안 돼요. 하루에 몇 시간을 공부하는지보다 더 중요한 것은 얼마만큼 집중해서 공부했는가예요. 인스타그램이나 유튜브를 보면 10시간 이상씩 공부 시간을 인증하는 수험생들이 꽤 많죠. 정말로 그 시간 모두를 집중해서 공부했다면 더할 나위 없이 좋겠지만 만약 중간중간 스마트폰을 확인하고, 화장실에 다녀오고, 과자 좀 먹고, 친구랑 잠시 이야기하고, 꾸벅꾸벅 졸면서 공부했다면? 스톱워치에 찍힌 숫자가 뿌듯함을 느끼게 해 줄 수는 있어도 그 시간과 비례해서 성적이 오르지는 않을 거예요.

미국의 경영학자 피터 드러커는 시간 관리 방법 중 하나로 '다른 일로 방해를 받지 않는 상당히 긴 연속적인 시간'을 쓰라는 조언을 했습니다. 자투리 시간 동안 찔끔찔끔씩 일을 해서는 핵심적인 일을 처리할 수 없고, 90분 정도 연속해서 집중을 해야 성과를 낼 수 있다고 말했죠.

물론 과목마다 특성이 다르지만 국어는 '지문을 읽고, 그와 관련된 문제를 풀고, 채점하고, 틀린 문제를 분석하는 것'까지가 한 덩어리예요. 이를 끊어서 조금씩 공부한다면 흐름을 놓치게 되고 매우 비효율적인 공부방법이라고 할 수 있죠. 따라서 몇 시간 공부했는지에 치중하기보다는 실제 수능 국어의 시험시간인 80분 단위로 집중해서 공부하세요. 80분 공부하고 10분 쉬는 시간이 1세트. 만약 2세트를 공부하면 하루에 국어를 거의 3시간 공부하는 거겠죠? 주말에 맘 잡고 공부한다면 3세트. 마치 운동을 세트 단위로 하는 것처럼 사이클을 돌려 공부하는 거예요.

꾸준하게 매일 1~2세트씩 공부하고, 실제 시험과 같이 아침 시간에 국어를 공부하는 습관을 들이는 것이 좋아요. 모의고사를 보다 보면 1교시인 국어 시간에 의외로 조는 학생들이 많아요. 뇌가 깨어나지 않아 긴 지문을 읽다 보니 집중력도 떨어지고, 내용이 파악되지 않아 지루하기도 하니 졸음이 밀려오는 거죠. 그래서 이른 아침에도 집중력을 잃지 않도록 평소에 훈련하는 습관이 필요합니다.

국어는 하루에 80분 단위로 집중해서 공부하세요.

특히 아침에 긴 지문을 읽고 문제를 푸는 연습을 하며 잠자고 있는 뇌를 깨워주는 것이 좋답니다. 하루에 몇 시간 공부했는지보다 80분 공부, 10분 휴식하는 방법으로 얼마나 온전히 집중했는지가 더욱 중요해요.

아침에는
국어형 두뇌를
풀가동하자

80분 단위로 초 집중!

03

방학 공부의 성패는
현실을 반영한 계획에 있다

우리가 초등학생 때부터 방학이 시작되면 제일 먼저 하는 게 있죠. 바로 빽빽한 계획표 짜기. 그런데 여러분도 초등학생, 중학생을 지내오면서 느꼈겠지만 방학 계획을 아무리 야심차게 짜도 막상 방학이 시작되면 70%? 아니 50%도 지키기 어려운 걸 수도 없이 경험하지 않았나요? 방학이라는 시간은 잘 활용하면 나의 실력을 확 높일 수 있는 정말 좋은 기회이기도 해요. 그런데 왜 우리는 방학이 되면 학원 보충 수업만 따라가기에도 이렇게 벅찬 걸까요?

'지피지기면 백전백승'이라는 말 들어 봤죠? 적을 알고 나를 알면 100번 싸워서 100번 이긴다는 뜻으로 『손자병법』에 실려 있다고 알려져 있죠. 그런데 놀랍게도 『손자병법』에는 사실 이런 말이 씌어 있지 않아요. 만약에 닥치는 대로 막 싸워서 적을 다 이겼다고 가정해 봅시다. 그런데 결과적으로 국민들은 모두 전쟁터에서 죽고, 식량도 없고, 국가 재정은 파탄나고…. 이렇게 국가가 위태로워졌다면 과연 백전백 승의 의미가 있을까요? 손자가 실제로 이야기한 것은 백전백승이 아닌 '백전불태'였다고 해요. 백 번 싸워도 위태로워지지 않는다는 뜻이죠.

　방학 계획을 세울 때도 이런 관점이 필요해요. 빼곡하고 완벽한 계획? 중요하죠. 하지만 그보다 내가 어떠한 상황에서도 무리하지 않고 흔들림 없이 실천할 수 있는 계획을 세우는 것이 더욱 필요해요. 하지만 학생들이 방학 계획 세우는 모습을 보면 비슷한 점이 많아요. 좋다는 교재, 좋다는 강의를 인터넷으로 막 검색해 보거나 물어보고 그 답변을 기준으로 교재 쇼핑을 합니다. 그리고 의욕에 불타서 이 강의 또는 교재를 하루에 O시간씩 해서 OO일 만에 끝내겠다고 결심한 뒤 혼자 뿌듯해하죠. 뜨끔하는 친구들 있죠?
　잠깐 다른 이야기로 빠지자면 인터넷 상에 떠도는 이런 답변을 무작정 신뢰할 수는 없어요. 생각해 보세요. 공부를 열심히 하고 잘하는 학생이 커뮤니티 카페에 상주하며 답변을 달고 있을까요? 특히 'A 강의랑 B 강의 중에 뭐가 더 좋아요?' 같은 질문에는 더더욱 제대로 된 답변을 얻을 수 없어요. 비슷한 강의를 중복해서 꼼꼼하게 보는 학생들이 얼마나 있겠어요. 보통은 그냥 자신이 듣고 있는 강의를 추천하거나 아니면 홍보일 가능성이 높죠. 그러니 강의는 맛보기 강의를 들어 보고 자신에게 잘 맞는 강의를 스스로 택하는 것이 맞고, 교재는 서점에서 머리말이라도 꼼꼼하게 읽어 보며 비교하는 것을 추천해요. 모두에게 딱 맞는 강의 또는 교재는 없답니다.

다시 돌아와서 이렇게 의욕적으로 세운 계획을 하루, 이틀? 길어야 일주일 정도 실천하다가 중간에 계획이 틀어지고, 거기에서 오는 자책감 때문에 힘들었던 경험이 다들 있으실 거예요. 공부는 더욱 안 되고, 포기한 채 시간만 보내다가 방학을 통째로 날려버릴 수도 있죠. 그럼 우리는 어떻게 방학 계획을 세워야 할까요? 저는 방학 계획을 세우기 전에 두 가지가 필요하다고 생각합니다.

첫째, 나 자신을 알아야 해요. 손자의 말에서 '지피지기'에 해당하는 거죠. 공부량이 많이 쌓인 학생들은 자신이 1시간 동안 수학 문제를 몇 문제나 푸는지, 국어 지문은 몇 개나 분석할 수 있는지 알고 있어요. 그러니 현실적으로 지킬 수 있는 학습 계획을 짤 수 있죠. 적(교재 또는 강의)을 알고, 나(학습 속도와 집중할 수 있는 시간 등)를 알고 있으니 말이에요. 그런데 공부량이 적은 학생들은 나 자신을 모르다 보니 애초에 자신이 감당할 수 없게 하루에 13시간씩 매일 공부한다는 식의 의욕만 앞선 무리한 계획을 짜곤 합니다. 그러다 중간에 지쳐 계획을 장기적으로 지킬 수 없는 것이죠. 만약 여러분이 이런 경우에 속한다면, 지금부터 나의 시간당 공부량, 최대로 집중할 수 있는 시간, 집중이 잘 되는 환경이나 시간대 등을 꼼꼼하게 살펴보세요. 그리고 이를 바탕으로 공부 계획을 처음부터 다시 짜도록 하세요. 학습 역량은 여러분의 공부량이 늘어감에 따라 조금씩 개선될 테니 시간당 공부량을 종종 체크하면서 목표량을 더 늘려 나가면 됩니다.

둘째, 여백이 있어야 해요. 빽빽하게 하루, 일주일 내내 할 일들로 꽉 차 있는 완벽한 계획표는 성공할 수 있는 좋은 계획표가 아니에요. 갑자기 아파서 병원에 갈 수도 있고, 집안에 경조사가 생길 수도 있고, 이상하게 집중이 안 돼서 하루 공부를 쉬어야 하는 경우도 있어요. 그리고 이 때문에 계획이 어그러지면 '에라 모르겠다' 하고 전체 일정을 포기해 버리는 현상이 나타날 수도 있죠. 이를 방지하기 위해서는 계획에 여백이 있어야 해요. 그리고 이 여백의 시간에 밀린 공부를 하는 거예요. 하루에 1~2시간, 일주일 중 하루는 여백으로 정해 놓고 내가 목표 달성하지 못한 부분을 보충하는 시간으로 쓰는 거예요.

참고로 심리학에는 '에라 모르겠다 효과(What-The-Hell Effect)'라는 개념이 있어요. 평소에 자기절제를 잘해 오다가 작은 문제가 생겼을 때 모든 걸 놓아 버리는 것을 말하죠. 다이어트를 열심히 하던 사람이 어쩌다가 케이크 한 조각을 먹게 되고, 이 때문에 다이어트가 망했다는 생각이 들자 피자, 치킨 등을 정신줄 놓고 먹는 게 '에라 모르겠다 효과'입니다. 공부 계획도 마찬가지예요. 열심히 지키다가도 이런 일 저런 일로 구멍이 생기면 '에라 모르겠다' 하고 놀아 본 경험이 다들 있으시죠? 이렇게 놀고 나면 죄책감 때문에 공부는 더 안 되고, 이를 잊기 위해 또 놀게 되고요. 악순환이죠. 그럴 때면 "내가 지금 '에라 모르겠다 효과'를 겪고 있구나." 하고 인식하는 것만으로도 좀 나아질 수 있을 거예요.

다만, 여백이 중요하다고 해서 절대적인 공부 시간조차 줄여 버리면 안 돼요. 실제 집중 시간은 늘려 나가되, 그 시간 안에서의 여백을 주는 것이 중요한 포인트랍니다. 이와 관련해서 제가 경험했던 이야기 하나를 들려줄게요. 제가 여고에 강연을 간 적이 있었는데 그때 놀라운 이야기를 들었어요. 그 학교 졸업생 중 의대에 간 친구가 있었는데요. 그 학생이 고3 때 삭발을 하고 다녔대요. 가끔 의지를 다지기 위해서 남학생들이 삭발을 하는 경우는 있지만 여학생이 삭발을 한다는 건 굉장히 이례적인 경우잖아요? 그런데 그 이유가 바로 아침에 머리를 말리는 시간을 아껴서 공부하기 위함이었다고 합니다. 정말 대단하지 않나요? 물론, 여러분도 이렇게 머리를 밀고 그 시간에 공부를 해야 한다고 말하는 건 절대 아니에요. 하지만 그 학생이 그러한 결정을 하기까지 어떠한 사고 과정을 거쳤고, 얼마나 간절한 마음으로 행동으로 옮기게 되었는지 한 번쯤은 생각해 볼 필요가 있지 않을까요?

방학 계획은 철저하게 자기 맞춤형으로 세워야 합니다.

자신에게 맞춰 계획하고 공부하다가 또 자신을 분석하여 계획을 수정하는 과정을 반복하면 차차 점수도, 생활 습관도 개선될 거예요. 자기 자신을 관리하는 능력은 비단 수험 생활뿐만 아니라 살면서 매우 중요한 자세예요. 미리 연습해 둔다고 생각하며 습관을 개선해 봅시다.

이상

현실

이번 방학 때는 새벽 6시에 일어나서 지문도 매일 분석하고
국어 모의고사는 3회 풀고 오답 분석도 마쳐야지!

오늘도 12시에 일어났네..

04

인강에 자습(自習)을 더해야 진짜 공부다

요즘은 EBS가 아니어도 프리패스 등으로 유명 선생님들의 강의를 다양하게 들을 수 있게 되었어요. 그래서 시간이 많은 방학 기간에는 인터넷 강의를 하루에 5~6개씩 듣는 학생들이 많죠. 그런데 안타깝게도 인강을 듣는 것만으로는 성적을 올릴 순 없어요. 왜 그럴까요? 한 운동선수 이야기를 들려줄게요. 이 이야기를 통해서 한번 알아봅시다.

" 줄리우스 예고라는 케냐 선수는 코치도 없이 유튜브 영상을 보며 독학으로 투창 기술을 익혀서 2015 세계육상선수권대회 남자 창던지기에서 금메달을 땄다고 해요. 예고는 올림픽을 3연패한 전설적인 선수의 투창 모습을 수도 없이 봤다고 합니다. 그는 인터뷰에서 "나의 코치는 나 자신과 인터넷뿐이다. 누구보다 열심히 훈련했고, 이 금메달은 합당한 보상이다."라고 말했다고 합니다. "

이 사례를 보면, 우리가 인강을 어떻게 활용해야 하는지 교훈을 얻을 수 있어요. 기본적으로 문제 풀이 강의는 어떤 과목이든 간에 금메달리스트 급 선수인 강사가 자신의 경기 모습을 차근차근 설명해주는 것이라고 비유할 수 있어요. 문제를 어떻게 접근하고 풀어나가는지를 자세히 알려 줌으로써 강의를 듣는 학생들이 똑같이 따라할 수 있도록 알려주는 거지요. 그런데 그걸 보고 듣고 읽기만 해서 여러분이 시험장에서 강사의 풀이법을 똑같이 '재현'할 수 있을까요? 분명 들을 때는 시험장에서 똑같이 할 수 있을 것 같지만 절대로 그렇지 않아요. 배운 내용을 부단히 반복 적용해서 나만의 것으로 만드는 과정(=훈련)이 절대적으로 필요하죠. 줄리우스 예고가 전설적인 선수의 투창 모습을 영상으로 반복해서 보며 그 모습과 똑같아지도록 홀로 연습하고 자기만의 것으로 습득했기 때문에 금메달을 딸 수 있었던 것처럼요.

공부도 마찬가지예요. 학습은 기본적으로 '배우고 익히는 과정[배울 학(學) + 익힐 습(習)]'으로 구성되어 있는데 강의를 듣는 것은 배우는 것(學)까지만 보장해줍니다. 익히는 것(習)은 온전히 여러분의 몫이에요. 익히는 것(習)이 훨씬 괴롭고 힘든 과정이지만, 사고력 시험인 국어나 수학 과목은 뛰어난 풀이를 눈으로만 보고 감탄하는 것보다, 스스로 고민하며 그러한 풀이에 도달하는 게 비록 시간은 더 걸리더라도 시험장에서의 효과는 더 좋답니다. 그러니 인강을 눈으로만 보고 바로 넘어가지 마세요. 선생님의 풀이가 어떻게 해서 나오게 되었는지 분석도 해보고, 내 것으로 만들기 위해 풀이법을 다양한 문제에 적용해서 풀어보는 등 익히는 과정을 게을리해서는 안 됩니다.

　여담이지만 수능 만점을 받고 행정고시에 합격한 분은 인터뷰에서 매일 순수 12시간씩 공부하는 것을 목표로 했다고 해요. 그리고 수요일은 가장 힘들고 지치는 요일이니 11시간만 공부하고 인강을 듣고, 주말에는 학원이나 인강을 들으면서 좀 쉬었다고 합니다. 실제로 이분 말고도 제가 직접 만나서 인터뷰했었던 수능 만점자도 인강은 주로 공부에 집중이 안 되고 손에 펜을 쥐기 싫고 머리를 식히고 싶을 때 탐구 과목 위주로 봤다고 해요. 인강은 잘 활용하면 공부를 도와주는 아주 좋은 수단이 될 수 있음을 잊지 마세요.

인강에 너무 의존해서 눈과 귀로만 공부하지 마세요.

인강은 기본 개념의 정리가 되지 않았을 때나 전문 선생님들의 개념 정리 방향을 알고 싶을 때 보고, 스스로 주체적으로 혼자 공부하는 시간을 늘려나가도록 하세요. 인강은 보조적 수단으로 공부에 도움이 되어야 하지 주가 되어서는 안 됩니다. 결국 공부는 나 스스로 하는 것이니까요.

05 수능용 한자는 따로 없다

　어휘력 부족을 느끼는 학생들이 종종 한자 공부를 따로 해야 하는지 묻곤 해요. 국어 어휘의 70%가 한자이니 어휘를 공부하기 위해서는 한자를 공부해야 하지 않을까 하는 걱정이 생기는 거죠. 그때마다 저는 단호하게 이야기합니다. 시험 대비용으로는 할 필요가 없다! 일단 저부터도 한자를 잘 몰라요. 우리가 생활하면서 한자를 쓸 일이 많은가요? 여러분, 생각해 보세요. 1년에 한두 번 내 이름을 한자로 쓸 때 외에는 한자를 사용할 일이 별로 없지 않나요? 이와 관련하여 헌법재판소에서 다음과 같이 판결한 적이 있어요.

" 현재 대부분의 문서와 책, 언론기사 등이 한글 위주로 작성되어 있고, 한자는 한글만으로 뜻의 구별이 안 되거나 생소한 단어의 경우 그 정확한 이해를 돕기 위해 부기하는 정도로만 표기되고 있다. 한자어는 굳이 한자로 쓰지 않더라도 앞뒤 문맥으로 그 뜻을 이해할 수 있는 경우가 대부분이고, 특정 낱말이 한자로 어떻게 표기되는지를 아는 것이 어휘능력이나 독해력, 사고력 향상에 결정적인 요소가 된다고 보기 어렵다. 특히 요즘에는 인터넷이 상용화되어 한글만 사용하더라도 지식과 정보 습득에 아무런 문제가 없다.
```
            ”
```

게다가 요즘은 생소한 단어에 대해 한자 대신 영어를 덧붙여 적는 경우가 많아요. 한자로 쓰면 다들 잘 모르거든요. 한자보다 중요한 건 문맥이에요. 한자어에 대한 사전의 정의를 봐도 한자어 뜻풀이보다는 사람들이 어떤 문맥에서 어떻게 사용하는지를 더 따집니다. 예를 들어 '희생(犧牲)'이라는 단어를 봅시다. 이 단어는 '희생 희(犧)'와 '희생 생(牲)'이 결합한 단어예요. '희생'을 구성하는 한자를 찾아봐도 동어 반복이라서 희생이 무슨 뜻인지 알 방법이 없죠. 원래 이 단어는 '다른 사람이나 어떤 목적을 위하여 자신의 목숨, 재산, 명예, 이익 따위를 바치거나 버림'을 뜻했어요. 그런데 2014년 11월에 국립국어원에서는 심의회를 거쳐 '사고나 자연재해 등으로 애석하게 목숨을 잃음'이라는 뜻을 추가했어요. 사고로 죽은 사건/사람에 대해 '희생, 희생자'라는 표현을 많이 썼기 때문에 이를 국어사전에 반영한 거죠. 이처럼 단어의 뜻은 한자어 뜻풀이에 있는 것이 아니라 맥락에 있고, 추가될 수도 삭제될 수도 있어요. 여담으로 '병신'에 대해 살펴볼까요? '병신'은 '병 병(病)'과 '몸 신(身)'이 결합한 단어이죠. 그런데 한자의 뜻에 충실해서 몸이 아픈 사람에게 '병신'이라고 하면 큰일나겠죠? '병신'은 욕설로 쓰일 만큼 오염된 단어이기 때문이에요. 다른 단어가 다 그렇듯 '병신'의 뜻을 온전히 알려면 어떤 문맥에서 쓸 수 있고, 또 쓸 수 없는지를 알아야 해요. 자, 그러면 수능에서는 한자어를 어떻게 다루고 있을까요? 지문에서 문제에 필요한 부분만 수록했으니 참고하며 보세요.

기술의 적용

기출문제 | 2019학년도 수능 국어영역 32번   전체 지문 보기 ▶

[일부 지문 생략]

> 코페르니쿠스는 천체의 운행을 단순하게 기술할 방법을 찾고자 하였고, 그것이 ⓐ일으킬 형이상학적 문제에는 별 관심이 없었다. 코페르니쿠스는 태양을 우주의 중심에 고정하고 그 주위를 지구를 비롯한 행성들이 공전하며 지구가 자전하는 우주 모형을 ⓑ만들었다. 그의 이론은 신의 형상을 ⓒ지닌 인간을 한갓 행성의 거주자로 전락시키는 것으로 여겨졌기 때문이다. 중국 지식인들은 서양 과학이 중국의 지적 유산에 적절히 연결되지 않으면 아무리 효율적이더라도 불온한 요소로 ⓓ여겼다. 서양 과학의 우수한 면은 모두 중국 고전에 이미 ⓔ갖추어져 있던 것이다.

32. 문맥상 ⓐ~ⓔ와 바꿔 쓴 것으로 가장 적절한 것은?

① ⓐ: 진작(振作)할
② ⓑ: 고안(考案)했다
③ ⓒ: 소지(所持)한
④ ⓓ: 설정(設定)했다
⑤ ⓔ: 시사(示唆)되어

정답 ②

선지에 한자가 병기되어 있는데 과연 이 문제가 한자를 외워서 풀어야 하는 문제였을까요? 풀어보면 느끼겠지만 절대 아니에요. 동음이의어로 인해 이의제기가 나올까봐 출제자가 방어 차원에서 넣어둔 것일 뿐이죠. 예를 들어 ③의 '소지'는 한자를 몰라도 여러분이 알고 있는 물건을 지니고 있다는 바로 그 뜻이에요. '땅을 쓸다(掃쓸 소, 地땅지)', '부정을 없애고 신에게 소원을 빌기 위하여 흰 종이를 태워 공중으로 올리다(燒불사를 소, 紙종이 지)' 같은 희귀한 한자어가 시험에 직접적으로 나오지는 않아요.

이런 문제를 푸는 방법은 그냥 단어에 보기를 대입해서 문맥상 적절하게 느껴지는지 살펴보면 돼요. 해설을 보면 표준국어대사전의 정의를 소개하곤 하는데 이건 시험이 다 끝나고 오답을 정리할 때 가능한 방법이고, 시험장에서는 그간 접한 문맥을 바탕으로 자연스러운지 '느낌'으로 판단할 수밖에 없어요. 이번 문제에서도 한자가 아니라 단어의 뜻 자체가 어떤 뉘앙스인지 감이 오지 않는다면 사전을 통해 익혀두세요. 정확한 뜻을 제가 지금 설명하지는 않을게요. 실제로 찾아봐야 더 기억에 오래 남거든요. 정답이 딱 보이나요? 보기를 대입해서 글을 읽어봤을 때 가장 자연스러운 단어는 ②번이죠. 나머지는 대입했을 때 뭔가 부자연스러워요.

그러면 평소 어휘력을 기르려면 어떻게 해야 할까요? 첫 번째, 많은 문맥을 접해보기. 두 번째, 모르는 단어가 나오면 영어 단어처럼 단어장에 정리하기가 우리가 해야 할 일이에요. 시험지를 풀든, 신문을 보든, 책을 읽든, 대화를 하든, TV를 보든, 모르는 단어를 만나면 단어장에 정리해 두는 습관을 들이는 것이 매우 중요하죠. 예를 들어 2019학년도 수능 15번에 나온 '바투'라는 단어는 초등학교 국어 교과서에 소개되는 단어이지만 처음 듣는다는 학생들이 많았던 단어예요. 이런 단어들을 뜻과 예시를 함께 정리해 두고 외우지 않더라도 익숙해지도록 읽어보면 됩니다.

어휘력을 향상시키려면 한자 암기가 아닌 단어 검색 습관을 들이세요.

'섣달 그믐', '정월 초하루', '기꺼워하다', '반대급부' 등의 단어는 가끔 들어본 단어인데도 생소하게 느껴지죠? 항상 일상생활에서 모르는 단어를 만났을 때 스쳐 지나지 말고 반드시 사전을 검색해보고, 단어 목록을 수첩이나 어플에 정리해두는 습관을 들여보세요. 네이버 국어사전 앱은 스마트폰에 꼭 깔아두고 자주 들여다봅시다.

06
사설 읽기는
수능이 끝난 후로 잠시 미루자

신문 사설을 읽으면 시험에 도움이 된다는 기사도 종종 나오니 이렇게 믿고 계시는 분들도 많을 거예요. 그런데 정말 사설이 수능 국어에 도움이 될까요? 글쎄요? 사설은 논란이 되는 현안에 대해 신문사가 특정한 주장을 하는 논설문 형태의 글이에요. 그런데 수능에는 일단 논란이 되는 현안들은 절대로 출제되지 않아요. 따라서 내용적인 측면에서는 별 도움이 안 되죠. 또한 형식적인 측면에서도 마찬가지예요. 시험에는 개념 간 관계가 복잡한 설명문이 제시되기 때문에 논설문인 사설과 성격이 많이 다른 글들이 출제됩니다. 지문을 분석하는 훈련을 할 때도 더 좋은 기출문제, 모의고사 문제 지문들이 많은데 굳이 사설을 통해서 지문 분석을 훈련할 필요는 없겠죠.

결론적으로 국어 시험을 위해서는 신문 사설을 읽고 공부하는 게 직접적으로 도움이 되지는 않는다고 할 수 있어요. 신문은 부차적으로 시간 날 때 틈틈이 읽고, 사설보다는 오피니언 란의 다른 칼럼을 추천해요. 종종 대학교수님이 쓴 칼럼은 작문 문제나 PSAT의 독해 지문으로 나올 만큼 형식적인 면에서 잘 쓴 글일 때가 많거든요. 그리고 나머지 면은 관심가는 대로 보면 된답니다. 꼭 다 읽을 필요도 없어요. 요즘은 신문사에서 아예 학생을 위한 공부용 기사도 제공하니 이런 부분을 보는 것도 좋아요. 예를 들어 조선일보의 경우 '신문은 선생님' 코너를 추천할게요. '스텔스기가 레이더에 잡히지 않는 비결'(2019년 1월 31일 조선일보) 같은 글은 배경지식을 쌓기에 아주 좋은 지문이죠.

마지막으로 어쩌면 수능 국어 공부법보다 더 중요한 조언을 하나 해주고 싶어요. 여러분이 대학생이 되면 교양을 쌓기 위한 종이 신문 구독을 추천해요. 야채를 안 먹고 매일 고기만 먹으면 영양 불균형이 생기겠죠? 정보도 마찬가지예요. 요즘은 휴대폰으로 모든 걸 할 수 있고 원하는 정보를 바로바로 얻을 수 있지만 휴대폰으로 보는 기사는 남들이 많이 본 뉴스 위주로 편성되고 선정적인 사건/사고 위주의 뉴스나 연예 뉴스만 보게 되지요. 관심 없는 기사는 메인에 뜨지도 않을 뿐더러 긴 기사는 대충 읽고 바로 넘겨 버리기 일쑤예요. 하지만 종이 신문을 읽으면 다양한 분야의 정보를 골고루 섭취할 수 있어요. 기사를 다 읽지 않더라도 제목과 소제목만이라도 읽고 넘어갈 수 있으니까요. '가장 많이 본 뉴스'만 보는 사람은 그냥 이슈가 되는 것만 알고 끝이고, 경쟁력이 생길 수가 없어요.

그렇다면 어떤 신문을 볼까요? 아마 진보 성향 신문 하나, 보수 성향 신문 하나씩을 골라서 읽으라고 많이 들었을 거예요. 그치만 그냥 마음에 드는 신문 하나만 봐도 됩니다. 일단 우리는 하루에 신문을 두세 개씩 읽을 시간도 없고, 읽어야 할 양이 많아지면 금방 질릴 수 있거든요. 특정 사안에 대한 다양한 시각을 접하고 싶으면, 인터넷에서 해당 이슈에 대한 칼럼만 신문사별로 보면 되지요. 그러니 마음에 드는 신문은 하나씩만 읽어봐도 충분해요.

시험을 위한 신문 사설 읽기는 추천하지 않아요.

수능 대비를 위해 사설을 안 봐도 된다고 해서 신문이 중요하지 않은 것은 절대 아니랍니다. 시험이 끝나고 여유가 생기면 여러분의 교양을 위해서, 또 더 넓은 지식을 위해서 종이 신문은 꼭 읽도록 하세요. 하지만 지금 우리는 수능 국어 공부에 더욱 집중할 때이죠.

07

국어 오답 노트는
거창할수록 독이다

기출문제가 아니어도 문제를 풀고 오답 노트를 만드는 학생들이 많을 거예요. 하지만 국어는 오답 노트를 만들려고 해도 어려워요. 모의고사를 한 번이라도 봐 본 친구들은 알겠지만 지문의 길이만 해도 어마어마하죠. 도무지 노트에 붙일 수도, 따라서 쓸 수도 없어요. 그리고 만든 오답 노트를 보면 모두 패턴들이 비슷해요. "이 문제는 이렇게 했어야 했는데, 저렇게 풀어서 틀렸네~! 다음부터는 실수하지 말자. 파이팅~~!" 이런 멘트를 쓰고 바로 넘어가죠. 이렇게 오답 노트를 만들면 다음에도 비슷한 문제를 100% 또 틀려요.

문제를 틀린 건 겉으로 보이는 현상일 뿐 머릿속의 잘못된 사고 과정이 진짜 문제예요. 이 사고 과정을 근본적으로 뜯어고치지 못하면 문제를 잘라 붙이고 예쁘게 꾸미는 오답 노트는 결국 시간 낭비일 뿐인 거죠. 본래 오답 노트는 단순 암기 시험을 대비하기 위한 도구예요. 대표적으로 한자 급수시험, 한국사능력검정시험, 운전면허 필기 시험 등이 오답 노트로 공부해야 하는 시험이지요. 이런 시험을 효율적으로 대비하려면 확실히 아는 것은 제외하고 모르는 것만 (그래서 틀린 것만) 모아서 오답 노트로 만들어 공부하는 편이 좋아요.

하지만 수능은 단순 암기 시험이 절대 아닙니다. 그래서 오답 노트는 적절한 도구가 아니에요. 무엇보다 시중 문제집에 있는 문제랑 똑같은 문제가 시험에 출제되는 일은 없어요. 따라서 틀린 문제를 오답 노트로 만들어서 달달달 외우며 공부하는 것은 별 의미가 없어요. 그렇다면 어떻게 해야 우리는 문제를 틀리게 된 사고 과정을 찾아서 교정할 수 있을까요? 우리가 할 수 있는 가장 확실하면서도 쉬운 방법은 바로 틀린 문제를 한 줄로 정리하는 것이에요. '뭐야 거창한 방법도 아니고 그냥 쉬운 방법이잖아?'라는 생각이 드나요? 하지만 막상 실천해 보면 딱 한 줄로 정리하기가 쉽지 않다는 것을 알 수 있을 거예요. 문제를 완전히 이해해야 하고 또 사고의 오류까지 발견해야 한 줄 정리가 가능하죠. 그리고 사고의 오류를 인식하는 것 자체가 곧 해결책이기 때문에 다음에는 같은 실수를 하지 않을 거예요. 이렇게 나의 사고의 오류를 정리해 나가다 보면 몇 가지의 공통된 오류들이 눈에 보일 겁니다. 그 부분이 나의 약점이 되는 것이죠. 자, 한번 실제 기출문제를 통해서 어떻게 정리하면 되는지 봅시다.

[지문 생략]

21. 〈보기〉는 두 주파수의 조합음을 이용하여 '귀의 소리'를 측정하는 장치를 그린 그림이다. 위 글을 바탕으로 〈보기〉를 이해한 내용으로 적절하지 <u>않</u>은 것은?

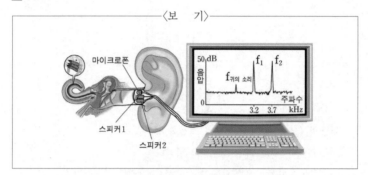

① '귀의 소리'는 f_1, f_2 자극 소리보다 빨리 감지될 것이다.

② 외이도가 막혔을 경우 '귀의 소리' 측정이 어려울 수 있다.

③ 마이크로폰을 통해서 감지되는 소리는 자극 소리, 메아리 소리, '귀의 소리'이다.

④ f_1이 3.2kHz, f_2가 3.7kHz일 때 발생하는 '귀의 소리'의 음압은 2.7kHz에서 가장 크다.

⑤ 스피커를 통하여 두 주파수의 소리 자극을 가하고, 마이크로폰을 통하여 감지되는 소리를 측정한다.

정답 ①

[지문 생략]

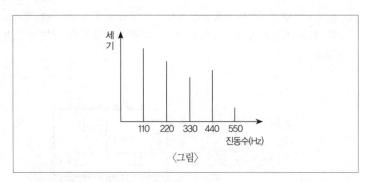

〈그림〉

31. 윗글의 〈그림〉에 대한 이해로 적절한 것은?

　① 〈그림〉은 심벌즈의 소리 스펙트럼이다.

　② 〈그림〉에 표현된 복합음의 진동수는 550Hz로 인식된다.

　③ 〈그림〉에 표현된 소리의 부분음 중 기본음의 세기가 가장 크다.

　④ 〈그림〉은 시간의 경과에 따른 부분음의 세기의 변화를 나타낸다.

　⑤ 〈그림〉에서 220Hz에 해당하는 막대가 사라져도 음색은 변하지 않는다.

정답 ③

　　지문은 지면에서는 생략했으니 꼭 실제 기출문제를 찾아서 풀어보세요. 사고과정을 교정하려면 오답을 한 줄로 정리해보는 과정이 필요하다고 했죠? 그러면 일단 지문과 문제를 완벽하게 이해한 후 자신이 왜 틀렸는지를 고민해야 해요. 처음에 문제를 읽고 풀 때 자신이 무엇을 놓쳤는지, 어떻게 했어야 이 문제를 맞힐 수 있었는지까지 정리할 수 있어야 문제가 완전히 여러분 것이 되는 거죠.

첫 번째 문제의 정답은 ①이었는데, 많은 학생들이 ①을 오답으로 판단했어요. 왜냐하면 〈보기〉에 나와있는 그래프에서 가로축을 시간으로 착각한 경우가 많았었거든요. 그래서 무심결에 '귀의 소리'가 f1, f2 자극 소리보다 앞에 있으니 '빨리' 감지된다고 판단한 것이죠. 여기까지 왔다면 이제 한 줄로 정리해볼까요? 시험지 바로 위에 '가로축을 잘 확인하자! 특히 시간축인지 아닌지!'라고 정리하면 됩니다. 이 부분이 바로 여러분이 놓쳤던 부분이니까요. 참고로 이렇게 한 줄로 정리한 게 출제자의 의도와 직결되는 경우가 많아요. 애초에 출제자는 수험생들이 흔히 저지르는 사고의 오류를 매력적인 오답으로 제시하거든요.

7년 후인 2017학년도 6월 모의평가 문제를 봅시다. 선지 ④를 보면 출제자의 의도가 보이시나요? 가로축을 시간축으로 착각한 학생들은 다 틀리게 하려고 만든 함정이죠. 2010학년도 모의평가 문제와 비슷하지 않나요? 우리가 문제를 풀면서 잘 정리해 두었다면 이 문제를 또 틀릴 일은 없겠죠? 이미 '예방 접종'을 맞은 상태이니 출제 의도도 쉽게 파악할 수 있을 거예요. 이런 식으로 기출문제의 오답들을 정리해 나가면 돼요. 그러니 시험지를 축소 복사해서 자르고, 공책에 붙이고, 예쁘게 오답 노트를 꾸밀 필요가 전혀 없죠.

국어의 오답 노트는 거창하게 만들 필요가 없어요.

틀린 문제를 한 줄로 적어 자신이 자주 틀리는 패턴을 정리하고 문제를 완전히 이해하고 넘어간다면 비슷한 유형의 문제가 나와도 절대 틀리지 않을 거예요. 제가 학생들이 자주 틀리는 오답 유형을 한 줄로 정리한 문장을 보여줄게요. 아마 여러분도 자주 틀리는 부분일 거예요. '정답의 기준이 제시된 발문을 꼼꼼하게 읽자. 문장과 문장을 연결하는 반복 출현에 주의하자. 교묘하게 바꿔치기하는 것이 없는지 주의하자. 사례는 조건에 부합해야 한다. 판단에 대한 근거를 확인하자. 두 대상이 비교될 때 주의하자. 개념 간 관계가 핵심이다.' 등 이렇게 자기만의 언어로 정리하고 문제를 분석하다 보면 내 것으로 만들 수 있을 거예요.

08

나에게만 유리한 선택과목이란 건 없다

2021학년도 수능부터 국어에 선택과목이 도입되었습니다. '화법과 작문', '언어와 매체' 중 하나를 택해야 하는데, 표준점수 계산 시 뭐가 유리할지 궁금해하는 학생들이 많더라고요.

'화법과 작문(화작)'은 '말하기와 글쓰기'를 어렵게 표현한 겁니다. 객관식 시험이니 실제로 말하거나 쓰지는 않고, 말하거나 글 쓰는 상황을 독서지문처럼 읽고 푸는 시험이지요.

'언어와 매체(언매)'는 좀 기이한 과목인데, '언어'는 문법 지식 활용 능력을 묻는 과목이고, '매체'는 방송, 인터넷 댓글, 신문 등의 매체에 실린 글을 읽고 푸는 과목이에요. '화작'이랑 비슷한 느낌이 날 때도 있습니다.

이에 대해 자세히 설명하려면 표준점수 계산 방법[1]부터 알아야 합니다. 언뜻 보기만 해도 머리가 아프네요.

$$X'_{2ij} = \frac{X_{2ij} - \overline{X_{2j}}}{X2_{X_{1j}}} \times S_{X_{1j}} + \overline{X_{1j}}$$

- X'_{2ij} : j 선택과목 집단 수험생의 선택과목 조정 원점수
- X_{2ij} : j 선택과목 집단 수험생의 선택과목 원점수
- $\overline{X_{2j}}$: j 선택과목 집단의 선택과목 원점수 평균
- $S_{X_{2j}}$: j 선택과목 집단의 선택과목 원점수 표준편차
- $S_{X_{1j}}$: j 선택과목 집단의 공통과목 원점수 표준편차
- $\overline{X_{1j}}$: j 선택과목 집단의 공통과목 원점수 평균

그런데 결론은 간단해요. 평가원에서 정답을 딱 내려줬어요. "어느 선택과목이 유리한지 고민할 게 아니라 자신이 잘할 수 있는 과목을 선택해서 좋은 점수를 받는 것이 중요"합니다.

표준점수에 영향을 주는 다른 요소(화작/언매 시험 난이도, 그 시험을 치는 학생들의 수준과 분포 등)는 여러분이 통제할 수 없습니다. 심지어 그렇게 큰 영향을 주는 것도 아니에요. 출제기관도 선택과목의 유불리가 없도록 최선을 다하고 있거든요. 여러분이 바꿀 수 있는 건 여러분의 원점수밖에 없죠.

그래서 자신이 잘할 수 있는 선택과목을 고르는 게 가장 중요합니다. 그럼 자신이 잘할 수 있는 과목이 뭔지는 어떻게 알 수 있을까요? 설마 두 과목을 모두 공부해보고 판단할 학생은 없겠죠? ㅎㅎ 제가

1) 출처: 『2022학년도 대학수학능력시험 이렇게 준비하세요』(한국교육과정평가원)

기준이 될 만한 기출문제를 하나 보여드리겠습니다. 지문이 조금 길지만 실제 시험장에서 이 문제를 만났다고 생각하며 한 번 풀어보세요. 이 문제를 통해 여러분의 선택과목을 정할 수 있습니다.

기출문제 | 2022학년도 수능 국어영역(화법과 작문) 40번   전체 지문 보기 ▶

[일부 문제 생략]

[38~42] (가)는 한 학생이 학생회 누리집 게시판에 올린 글이고, (나)는 (가)를 읽은 학생회 학생들이 나눈 대화이다. 물음에 답하시오.

(가)

  안녕하세요. 저는 올해 학생회에서 개최하는 토론 한마당에 참가하고자 하는 ○○○입니다. 토론 한마당을 담당하는 학생회 운영진에게 토론 한마당 예선 방식의 개선을 건의하고자 게시판에 글을 쓰게 되었습니다.

  학생회가 진행해 온 토론 한마당은 예선과 본선에서 항상 많은 청중이 참여한 가운데 대면 토론으로 진행되어 현장감이 넘친다는 장점이 있습니다. 그런데 참가 팀이 늘면서 예선을 위한 시간과 공간 부족, 예선을 운영할 인원과 심사자 확보 곤란 등의 어려움이 발생하여 이를 해소하기 위해 작년부터 예선에 참가할 수 있는 인원을 학급당 한 팀으로 제한했습니다.

  하지만 이런 현행 예선 방식으로 인해 토론 한마당에 대한 학생들의 불만이 매우 높아졌다는 문제가 발생하였습니다. 학생회도 알다시피 작년 행사 이후 학교 신문이 전교생을 대상으로 실시한 설문 조사에서 토론 한마당에 불만족스럽다는 응답률이 76%로 매우 높았습니다. 불만의 원인은 예선 참가 기회가 제한되어 있는 현행 예선 방식의 한계에서 찾을 수 있습니다.

  이를 해결하기 위해 더 많은 학생들이 참여할 수 있도록 예선 방식을 개선해 주십시오. 현행의 평가 방법인 대면 토론을 유지하려면 예선 기간이 짧아 참여자를 제한할 수밖에 없으니 예선 기간을 연장해 주시기 바랍니다. 예선 기간을 연장하지 않는다면 대면 토론 외의 다른 방법을 마련해 주시기 바랍니다. 실제로, 우리 학교와 학생 수도 거의 같고 토론에 대한 관심도 높은 인근 학교 중에서도 우리와 유사한 문제를 겪다가 예선 방식을 개선하여 이를 해결한 사례가 있습니다. 이 학교들에서는 대면 토론의 기간을 연장하거나, 대면 토론 대신 예선에서 토론 개요서로 평가하니까 많은 학생들이 예선에 참가할 수 있었습니다.

토론 한마당 예선의 기간을 연장하는 방식이나 평가 방법을 변경하는 방식으로 현행의 예선 방식을 개선하면 학생들이 더 많이 참가할 수 있게 되어 불만이 해소될 것입니다. 그러면 토론 한마당에 대한 학생들의 관심도 더 높아져 토론 한마당이 학생 자치 대표 행사로 자리매김하게 될 것입니다. 읽어 주셔서 감사합니다.

(나)

학생 1 : 토론 한마당 행사의 예선 방식을 개선해 달라고 게시판에 올라온 글 봤지? 기간 연장은 일정상 당장 반영하기 곤란하니 참가 인원을 늘릴 수 있는 좋은 방안이 있는지 논의해 보자.

학생 2 : 응. 예선 참가 인원을 학급당 한 팀으로 제한하다 보니, 토론에 참가하지 못하는 학생들이 많아져서 불만이 많다는 건데, 예선 방식을 바꿔야 되겠더라.

학생 1 : 행사 운영을 위한 시간과 공간이 부족하고 심사자가 부족한 상황에서 대면 토론을 유지하다 보니 참가 인원을 제한하게 되어 불만이 많아진 거니까 대면 토론을 대신할 방안을 찾을 필요가 있어.

학생 2 : 그러면 토론 개요서를 도입하는 게 좋겠어. 글에서 언급한 것이기도 하지. 논제에 대한 입장과 근거가 담긴 토론 개요서를 제출하도록 하여 예선을 치르는 거야.

학생 3 : 동영상을 활용해 보는 건 어때? 참가 신청한 팀들 중 두 팀씩 서로 찬반을 나누어 토론을 하고, 그 과정을 동영상으로 촬영해 제출하게 하는 거야.

학생 1 : 두 가지 방식이 여러 측면에서 달라 보이는데, 각각의 방안이 가지는 장점은 뭐라고 생각해?

학생 2 : 토론 개요서로 평가하면 현행 방식일 때 예선에 참가하지 못할 학생들도 기회를 얻을 수 있어. 그리고 시간이나 장소에 구애를 덜 받고, 대면 토론을 운영할 인원이나 심사자를 섭외하는 부담도 많이 줄일 수 있어.

학생 3 : 동영상을 제출하도록 하면 대면 토론과 달리 토론 시간이나 장
　　소를 참가자들이 자율적으로 정할 수 있고, 토론 개요서를 평가할 때
　　와 달리 참가자들이 상대방과 서로 소통하는 토론 과정을 평가할 수
　　있다는 장점이 있어.

학생 1 : 두 방식의 단점이나 운영상 어려움에는 어떤 것들이 있을까? 청
　　중이 모인 가운데 진행되는 대면 토론만큼의 현장감 있는 토론을 경험
　　하기는 어려울 테니 그것 말고 얘기해 줄래?

학생 2 : 동영상 촬영을 하려면 참가 팀들이 별도의 장비를 준비해야 해
　　서 번거로워. 또 토론 개요서와 다르게 대면 토론만큼 시간이 필요하
　　니까 많은 팀이 참가한다면 심사자의 평가 부담이 클 것 같네.

학생 3 : ㉠ 토론 개요서로 평가하는 것보다 심사자 부담은 큰 게 맞겠
　　네. 그런데 토론 개요서 평가는 참가자들이 소통하는 과정을 평가하긴
　　어려워.

학생 2 : ㉡ 그래도 토론에서 더 중요한 건 적절한 근거를 들어 논제에
　　대한 자신의 입장이 타당함을 밝히는 논증 능력이니까 그걸 평가하는
　　건 가능하다고 생각해.

학생 3 : 네 말이 맞는 것 같아.

학생 1 : 나도 좋아. 토론 개요서를 평가하면 예선 참가 가능한 인원이
　　늘겠지. 그러면 게시판의 글에서 말한 학생들 불만이 해소될 거야. 모
　　두들 동의했으니 이 방안을 도입하기로 하고 오늘 논의는 마무리하자.

40. (나)의 '학생 1'에 대한 설명으로 적절하지 않은 것은? [3점]

① (가)에서 토론 한마당 예선 방식 개선을 요구한 것을 논의의 계기로 삼
　고 있다.

② (가)에서 서술한 예선 참가 인원 제한의 배경을 언급하며 논의의 필요
　성을 제시하고 있다.

③ (가)에서 예선 방식 개선을 위해 제시한 두 가지 방식 각각의 장단점을
　판단하게 하며 논의를 진행하고 있다.

④ (가)에서 현행 예선 평가 방법의 장점으로 언급한 내용과 관련해서는
　발언에서 제외하도록 논의 내용을 제한하고 있다.

⑤ (가)에서 서술한 현행 예선 방식에 대한 불만이 해소될 것을 언급하며
　논의의 결론을 제시하고 있다.

이 문제는 2022학년도 수능 화작 40번입니다. 당시 국어영역 전체 오답률 2위를 기록했는데, 반응이 크게 셋으로 나뉘었답니다.

1) 아! 이게 정답이네!
　1-1) 채점해보니 맞혔다.
　1-2) 채점해보니 틀렸다.
2) 어? 정답이 없는데??

여러분이 1-1)에 해당된다면, 축하드립니다! 화작을 선택하면 공부량에 비해 높은 점수를 유지할 수 있을 겁니다. 물론 암기하는 데 스트레스를 받지 않는다면 언매를 선택해도 무방합니다.

1-2)에 해당된다면, 미안하지만 화작은 선택하지 마세요. 차라리 언매를 선택하길 권합니다. 성실하게 공부한다면 화작을 선택했을 때보다 고득점이 가능할 겁니다. 다만, 당장은 선택과목 공부보다 공통과목인 독서가 더 큰 문제일 수 있으니, 독서 기출 분석부터 열심히 공부하길 바랍니다.

2)에 해당하는 학생들은 좀 애매합니다. 이 문제가 알고 보면 정말 쉬워요. '(가)에서 예선 방식 개선을 위해 제시한 두 가지 방식'은 (1) 예선의 기간을 연장하는 방식, (2) 평가 방법을 변경하는 방식입니

다. 그런데 (나)의 '학생 1'이 '장단점을 판단'하는 두 가지 방식은 (2)와 관련하여 (2-1) 토론 개요서, (2-2) 동영상 촬영입니다. 이 둘이 서로 다르기 때문에 ③이 적절하지 않은 선지예요. 따라서 ③이 정답입니다. 엄청 쉽죠?

그런데 해설이 쉬운 것과 시험장에서 쉽게 풀 수 있는 것은 차원이 다른 문제입니다. 화작 출제자는 이런 깊은 구덩이를 함정 선지로 곧잘 제시해요. 따라서 2)에 해당하는 학생들은 신중한 결정을 해야 돼요. 화작을 선택하되 문제 풀이량을 늘려서 고득점을 노릴지, 아니면 언매를 선택해 암기량을 늘려서 고득점을 노릴지 말이에요. 무엇을 선택하든 공부량 자체가 크게 차이나지는 않을 수 있습니다. 그러니 과목 특성을 고려하여 자신이 덜 스트레스 받는 쪽으로 선택하세요. 만약 암기하는 데 스트레스를 별로 받지 않는다면 언매를 선택해도 괜찮습니다. 문법 암기 때문에 당장은 공부량이 많다고 느낄 수 있지만, 상대적으로 문제는 화작에 비해 쉬울 수 있어요.

또 수능 이후 9급 국가직/지방직 공무원이나 7급 지방직 공무원에 도전할 생각이 있다면, '언어와 매체'로 선행학습(?)하는 것도 좋습니다.

여러분이 바꿀 수 있는 건 여러분의 원점수뿐이에요.

자신의 성향을 고려하고 고민하여 화법과 작문, 언어와 매체 중에 선택과목을 정했으면, 이제 유불리 같은 건 생각하지 말고 최선을 다해 공부하세요. 만점을 받아서 자신의 선택이 최고의 선택이었음을 증명하세요!

09

EBS 연계교재는 영역별로 대처법이 다르다

매년 제 유튜브에 항상 올라오는 질문은 EBS 연계와 관련해서 '어떻게 공부해야 할지'에 대한 것이에요. EBS 연계교재는 연초에 나오는 '수능특강'과 여름에 나오는 '수능완성'으로 나뉩니다. 수능 국어(영역)에서 무슨 과목을 선택했는지에 따라 교재도 달라지지요.

EBS 연계교재 · 선택과목		언어와 매체	화법과 작문
수능특강	독서	✓	✓
	문학	✓	✓
	언어와 매체	✓	
	화법과 작문		✓
수능완성	독서·문학 언어와 매체	✓	
	독서·문학 화법과 작문		✓

이 연계교재를 중3, 고1, 고2부터 미리 사서 공부하는 학생들 많죠? 하지만 저는 연계교재를 미리 사서 공부할 필요는 없다고 생각합니다. 연계교재는 매년 개정돼서 나오기 때문에 고3이 되었을 때 그 해의 연계교재를 보면 되고 고3 이전에는 EBS 홈페이지에 들어가 보면 학년별/수준별로 커리큘럼이 세분화되어 있으니 부족한 부분만 선택해서 강의를 들으며 공부하면 돼요.

그렇다면 EBS 연계교재의 문제랑 똑같은 문제가 수능에 나올까요? 그건 절대 아니죠. EBS 연계교재가 수능에 연계되는 방식은 영역별로 좀 달라요. 하나씩 살펴봅시다.

1. 선택과목

선택과목은 단순히 유형만 연계되기 때문에 굳이 EBS 연계교재를 풀지 않아도 상관없는 영역이에요. 저는 차라리 기출문제집을 사서 확실하게 분석하고 훈련해서 내 것으로 만드는 것이 더 낫다고 봐요. 왜냐하면 EBS 연계교재에 수록된 문제 유형도 결국은 기출문제 유형을 바탕으로 한 것뿐일 테니까요. 물론 기출문제를 충분히 풀고 연습용이 필요하다면 EBS 연계교재의 문제가 좋아요. 굉장히 좋은 질의 문제들이 많이 수록되어 있기 때문이죠.

2. 문학

문학은 작품이 연계되니 EBS 연계교재가 필수겠죠! 문학도 시와 소설로 나눠서 생각해 볼 수 있습니다.

2-1. 현대시, 고전시가

현대시나 고전시가의 경우 꼼꼼하게 공부해두면 시험장에서 마음의 평안을 얻을 수 있을 거예요. 시험에 작품이 그대로 나오니까요. 본문이 아니라 〈보기〉에 실렸던 문학작품이 수능에 출제되기도 하니 〈보기〉, 선지의 작품까지 빠짐없이 공부해 놓도록 하세요.

혹시나 오해할까 봐! 수능에는 EBS 연계교재에 실리지 않은 현대시, 고전시가도 출제됩니다! 따라서 EBS 연계교재를 공부할 때 무작정 작품의 특징을 암기하지 말고, 이 작품을 시험장에서 처음 만났다면 어떻게 해석해야 했을까를 고민하면서 공부해 나가세요. 문제도 하나하나 실전처럼 풀고, 선지의 개념어, 해설까지 꼼꼼하게 확인하며 공부하세요.

EBS에서는 '수능특강 사용설명서', '수능완성 사용설명서' 시리즈도 출간하고 있어요. EBS 사용설명서는 EBS 연계교재에 실린 문학작품과 독서지문을 상세하게 분석한 자습서라고 볼 수 있어요. 만약 시간이 없는 학생들이라면 EBS 수능특강 문학 대신 사용설명서 문학만이라도 꼭 공부해 두세요. 참고로 'EBS 문학 사용설명서'와 비슷한 책으로 『EBS 분석노트』(메가스터디북스, 강민철 외 저)도 있어요. 수능 대비용으로 둘 다 훌륭해요. 그런데 EBS로 내신 출제를 하는 학교라면 '분석노트'를 좀 더 추천합니다. 그간 모의고사, 내신에서 출제되었던 포인트까지 잘 정리되어 있거든요.

2-2. 현대소설, 고전산문

현대소설이나 고전산문은 본문보다는 제목이 적중하곤 합니다. 소설은 단편이라 할지라도 시험지에 넣기에는 너무 길어서 일부만 발췌되어 EBS 연계교재에 소개되지요. 수능에는 EBS 연계교재에 실린 부분과 완전히 다른 부분이 나올 수도 있고, 몇 줄 정도 겹쳐서 나올 수도 있어요. 그래서 EBS 연계교재에 나온 부분만 열심히 공부한 학생은 당황할 수 있어요. EBS 연계교재에서는 둘이 죽어라 싸우는 장면이 출제됐는데, 수능에서는 갑자기 엄청 화기애애한 장면이 나올 수 있거든요. 그러니까 부지런한 학생이라면 현대소설/고전산문 작품은 전체 줄거리 및 인물관계도까지 쭉 정리해서 읽어둡시다. 어렵게 할 필요도 없어요. 유튜브에 들어가서 작품명으로 검색해서 나오는 영상을 보기만 하면 됩니다. 영상으로 익히면 더 빠르게 정리할 수 있거든요. 틈날 때마다 영상으로라도 작품 정리를 해두세요.

3. 독서

독서 영역은 그간 연계가 무의미했어요. EBS에 가령 'abcdefg'라고 써있으면, 수능 연계 지문은 'apqrxyz'로 출제됐거든요. 소재 a가 겹치기는 해도 내용이 완전히 달라서, 사실상 수험생이 연계를 체감하기는 어려웠다고 볼 수 있죠. 그런데 2022학년도 수능에서 연계 양상이 좀 바뀌었습니다. EBS에 'abcdefg'라고 써있었는데, 수능 연계 지문은 'depqfrxyz'처럼 나왔거든요. 전보다 확실하게 연계를 체감할 수 있게 출제됐어요. 앞으로도 이렇게 연계될 가능성이 있으니, 이제는 보험 삼아 EBS 독서 지문도 꼼꼼히 정독하길 추천합니다. 문제를 열심히 풀어볼 필요는 없고, 지문 내용을 충분히 이해하는 것을 목표로 천천히 읽어나가세요. 공부하다가 모르는 용어나 개념이 나오면 구글링도 해보고요.

안타깝게도 EBS 연계교재의 독서 지문을 열심히 읽었다고 해서 수능 연계 지문에 딸린 문제가 쉽게 풀리지는 않을 거예요. 수능은 기억력 시험이 아니기 때문에, 출제자들은 지문을 연계하더라도 문제는 연계가 무색할 만큼 어렵게 낼 수 있어요. 따라서 지문을 정독하는 것과 별도로 평소 기출 분석을 열심히 해둬야 해요.

그렇다면 EBS 연계교재는 언제부터 풀어야 할까요? 학교 내신을 EBS 연계교재에서 출제한다면, 그에 맞춰 풀어야 할 겁니다. 그런데 그런 경우가 아니라면, 기본실력을 충분히 갖출 때까지는 전혀 풀지 않아도 됩니다. 기출문제를 적어도 10개년치를 충분히 해서 실력만 갖춘다면, 8월 이후에 봐도 돼요. 실력을 갖춘 상태에서 쭉 몰아서 읽어보는 건 시간이 별로 안 걸리거든요.

또 하나 여러분들이 알아 두어야 할 것이 있어요. 대중적으로 많이 보는 교재치고는, EBS 연계교재가 생각보다 어렵습니다. 이상하게 EBS 연계교재가 쉬울 거라는 환상을 가진 학생들이 많은데, 원래 EBS 연계교재는 쉬운 교재가 아닙니다(세상에 쉬운 게 없어요. ㅎㅎ). 특히 직전 해의 수능이 어려웠다면, 그에 맞춰서 어렵게 만들어지기 때문에, 기초실력이 부족한 상태에서 EBS 연계교재를 무작정 풀기 시작하면 좌절하고 지쳐서 나가떨어지게 될 거예요. 일단은 수능기출 분석을 통해 실력을 쌓고, EBS 연계교재는 문학작품과 독해지문 내용을 숙지하는 식으로 공부하세요. 그게 효율적입니다.

기술의 정리

EBS 연계교재는 영역별로 다르게 대처해야 해요.

독서는 지문 내용을, 운문은 작품을, 산문은 줄거리를 숙지하세요. 선택과목은 시간이 남으면 연습 삼아 풀고요. 단, 이 모든 건 기출 분석이 충분히 이뤄진 후에! 내공을 쌓고 전략적으로 활용하는 것이 좋답니다.

10
실수가 반복된다면 방법을 찾을 때까지 반복하자

종종 모의고사 오답률 1, 2위를 기록한 문제를 보면 참 당혹스러울 때가 있어요. 언뜻 보면 복잡해 보이지만 차근차근 풀어보면 기본 개념을 묻는 굉장히 쉬운 문제일 때가 많거든요. 저도 이렇게 아쉬운데 시험장에서 문제를 푼 학생들은 얼마나 화가 나겠어요. 도대체 왜 이런 문제를 틀렸나 하는 자괴감이 들 수도 있고요. 이런 고민을 가지고 있는 학생들이 참 많아요. "시험장에 들어가면 머리가 하얗게 변하는 것 같아요.", "차분하게 풀면 다 아는 문제들인데 왜 못 봤나 모르겠어요." 공감되시죠?

왜 이런 일이 발생할까요? 긴장도가 높아지면 사람은 자신에게 가장 익숙하고 편한 방식으로 행동하려는 경향이 있다고 해요. 그래서 문제집을 풀 때는 보이던 것도 몸과 마음이 긴장한 시험장에선 보이지 않고 자꾸만 실수를 하게 되는 거죠. 그럼 이러한 현상을 방지하기 위해서는 어떻게 해야 할까요?

1. 긴장을 낮추도록 연습한다

우리가 모의고사를 보는 가장 큰 이유가 뭐라고 생각하세요? 수능 난이도를 점쳐보기 위해서? 나의 실력을 알아보기 위해서? 다 맞는 말이지만 저는 수능 때 너무 긴장하지 않기 위해서라고 생각해요. 미리 시험을 보는 연습을 하는 거죠.

이외에 시험장 상황을 생생하게 상상해 보는 '이미지 트레이닝'도 긴장도를 낮추기 위한 좋은 방법이에요. 그렇지만 아무리 모의고사를 보고 시험장 상상을 해도 수능 날 긴장감을 떨어트리는 데는 한계가 있어요. 그래서 다음의 방법이 필요하죠.

2. 정확한 방식이 가장 편한 행동이 될 때까지 반복한다

한 TV 경연 프로그램에서 가수 박정현 씨에게 연습을 많이 했냐고 물어보니 다음과 같이 답했어요.

> 연습이요? 아주 아주 많이 했어요. 정말 많이 했어요. 왜냐하면 아주 많이 잘 연습된 노래면 긴장해도 괜찮으니까.

긴장했지만 자신이 가장 편하게 부르는 노래가 가장 정확한 노래이니 괜찮다는 의미이죠. 숱한 반복 덕분에 정확한 방식이 가장 편해졌으니까요. 이 인터뷰를 보며 새삼 느꼈어요. 수십, 수백 번의 연습을 통해 아무리 긴장되고 머릿속이 하얘지는 상황이라도 문제를 정확하게 판단할 수 있는 '나'를 만든다면 어떤 상황에서도 절대로 실수하지 않게 된다는 것을요.

시험장에서 실수하지 않으려면 정확한 접근 방식이 익숙해질 때까지 충분히 반복하는 것이 중요해요.

정확한 방식이 가장 편한 방식이 되었을 때 바로 체화되었다고 할 수 있죠. 가장 편한 방식이란 긴장된 상황에서도 습관적으로 하는 방식을 말해요. 이건 다른 과목도 마찬가지랍니다. 문제를 틀렸다면 쳐다보기도 싫겠지만 해설지를 바로 보지 말고 새 시험지를 시간 잡고 다시 풀어보세요. 긴장감 없이 풀어도 점수가 안 나온다면 실력이 부족한 거겠지만, 점수가 크게 오른다면 그건 아직 체화가 덜 돼서 그런 것이에요.

11

친구 따라 어려운 문제 풀다가 먼저 지친다

수능 국어영역, 특히 독서가 너무 어려워지다 보니 LEET나 PSAT 같은 최고난도 기출문제를 풀어봐야 하냐는 질문이 많아요. 제가 딱 정리해드릴게요.

수능 기출 10개년을 분석하고, EBS 연계교재를 꼼꼼히 본 학생들은 LEET 언어이해 기출문제를 공부하는 것도 괜찮습니다. LEET는 출제기관에서 공식해설서를 출간하긴 하는데, 공부하기에 편집도 좀 불편하게 되어 있고, 정말로 출제 교수가 해설한 게 맞나 의아한 경우도 종종 있어요. 그래서 혼자 공부할 학생들은 『기출문제 해설집 - 언어이해』(메가로스쿨)로 틈틈이 공부하는 것을 추천합니다. 참고로 PSAT 언어논리는 추천하지 않습니다. 그냥 공부하기에는 수능 대비

수험 적합도가 떨어지거든요.

반면 수능 기출 분석도 덜 됐거나 EBS 연계교재 독서 지문도 정독하지 않은 상태라면 LEET 문제는 쳐다볼 생각도 하지 마세요. LEET 기출문제는 운동선수들의 모래주머니에 빗댈 수 있어요. 평소에 모래주머니를 차고 더 힘들게 훈련하면, 실전에서는 좀 더 쉽게 경기를 할 수 있다는 논리입니다. 그런데 이런 중량훈련은 이미 선수급인 선수에게나 의미 있는 거예요. 운동을 갓 시작해서 근육도 별로 없는 초보자가 의욕에 넘쳐서 모래주머니를 차고 훈련한다면? 아마 관절 통증으로 한동안 운동을 쉬어야 하지 않을까요?

마찬가지예요. 이미 기출 분석과 EBS 연계교재를 통해 제법 실력을 쌓은 학생들은 LEET 기출문제를 푸는 것이 의미가 있어요. 그런데 아직 최소 공부량도 못 채운 상태에서 무작정 수능보다 더 어려운 LEET를 푼다? 걷기도 전에 뛰려고 하는 꼴입니다. 괜히 시간만 많이 뺏기고 좌절감, 절망감만 느낄 수 있어요. 뭐든 과유불급입니다. 지나치면 오히려 부족한 것보다 못할 수 있어요. 혹 제 말이 와닿지 않을까봐, 멘붕용 LEET 지문을 하나 소개해둡니다. 2020학년도 언어이해 19~21번인데 언어이해 기출문제 중에서도 고난도로 분류되는 지문입니다.

[19~21] 다음 글을 읽고 물음에 답하시오.

　　세상은 변화를 겪는다. 사람이 그렇게 여기는 이유는 시간이 흐른다고 생각하기 때문이다. 그런데 4차원주의자는 시간이 흐르지 않는다고 주장한다. 시간이 흐르지 않는다면, 과거, 현재, 미래는 똑같이 존재할 것이다. 이러한 견해를 가진 사람을 ㉠ 영원주의자라고 한다. 시간의 흐름 여부에 대한 인식의 차이는 과거, 현재, 미래에 대한 개념 혹은 표상의 차이를 가져 온다. 영원주의자들에게 매 순간은 시간의 퍼즐을 이루는 하나의 조각처럼 이미 주어져 있다. 영원주의자에게 시제는 특별한 의미를 가지지 않으며, 과거, 현재, 미래 사이에는 앞 또는 뒤라는 관계만이 존재한다. 현재는 과거의 뒤이고 동시에 미래의 앞일 뿐이다. 영원주의 세계에서 한 사람은 각 시간 단계를 가지는데, 그 사람이 없던 수염을 기르면 이는 시간의 흐름에 따른 변화가 아니다. 외모의 차이는 단지 그 사람의 서로 다른 단계 사이의 차이일 뿐이다. 반면에 3차원주의자는 시간이 흐른다는 견해를 내세운다. 시간이 흐른다면, 과거, 현재, 미래 시제는 모두 다른 의미나 표상을 지닌다. 이러한 생각을 지니는 이들 중에 오직 현재만이 존재한다고 보는 사람이 바로 현재주의자이다. 그들에게는 이미 지나간 과거와 아직 도래하지 않은 미래는 존재하지 않으므로, 지금 주어진 현재만이 존재한다.

　　시간여행은 시간에 관한 견해가 첨예하게 대립하는 주제이다. 현재주의자에 따르면, 현재에서 과거, 미래의 특정 시점을 찾아가는 것은 영원주의자의 생각처럼 시간 퍼즐의 여러 조각 중 하나를 찾아가는 것이 아니다. ㉡ 현재주의자 중에 다수는 시간여행이 불가능하다고 주장한다. 누군가가 시간여행을 하려면 과거나 미래로 이동할 수 있어야 하지만, 이미 흘러간 과거와 아직 오지 않은 미래는 실재하지 않는다. 이를 도착지 비존재의 문제라고 할 수 있다.

　　현재주의자 중에도 시간여행이 가능하다고 보는 사람이 있다. 과거로의 시간여행을 시작하는 현재 시점 T_n에서 과거의 특정 시점 T_{n-1}은 실재가 아니다. 그러나 시간여행자가 T_{n-1}에 도착할 때 그 시점은 그에게 현재가 되어 존재하지 않을까? 하지만 이는 과거를 마치 현재인 양 여기게 하는 속임수라고 보는 사람도 있다. 과거 시점 T_{n-1}에 도착한다면, 과거는 이제 현재가 된다. 그러나 시간여행의 가능성을 따질 때 우리가 관심을 가지는 현재는 애초에 출발하는 시점인 T_n이지 과거의 도착지인 T_{n-1}이 아니다. 만일 T_{n-1}이 현재가 된다는 것이 중요하다면, T_{n-1}에 도착한 사람에게 T_n은 이제 미래가 된다는 것 역시 중요하다. 그런데 현재주의자는 미래의 비존재를 주장하므로, T_{n-1}에 도착한 시간여행자는 존재하지 않는 미래에서 출발하여 현재에 도착한 셈이다. 이것이 바로 출발지 비존재의 문제이다. 결국 3차원주의 세계에서 시간여행이 가능하다는 점을 보여주려면 출발지 비존재의 문제를 해소해야 한다.

시간여행의 가능성을 믿는 3차원주의자는 '출발지 비존재'를 '출발지 미결정'으로 보게 되면 문제가 해소된다고 주장할 수 있다. 시간여행자가 과거 T_{n-1}에 도착하는 순간, 그는 실재하지 않는 미래로부터 현재로 이동한 것이 아니라 미결정된 미래로부터 현재로 이동한 것이 된다. 그렇다고 하더라도 출발지 비존재의 문제와 마찬가지로, 미래는 아직 존재하지 않기에 전혀 결정되지 않았으며 아직 결정되지 않은 것이 다른 어떤 것의 원인이 될 수 없으므로 시간여행은 여전히 불가능하다는 비판에 직면할 수 있다. 그러나 T_{n-1}에 도착하는 사건의 원인이 T_n에서의 출발이라는 점을 고려한다면, T_{n-1}에 도착하는 순간 미래 사건이 되는 시간여행은 도착 시점에서 이미 결정된 사건으로 여겨질 수 있다. 즉 미래는 계속 미결정된 것이 아니라, 시간여행 여부에 따라 미결정되었다고도 할 수 있고 결정되었다고도 할 수 있다. 이에 ⓒ 조건부 결정론자는 출발지 미결정의 문제가 해소되어 시간여행에 걸림돌이 없다고 주장한다. 그러나 시간여행이 3차원주의와 양립할 수 없음을 고수하는 이들은 출발지 비존재의 문제를 출발지 미결정의 문제로 대체하여 이를 해소하는 전략을 받아들이지 않을 것이다.

19. ㉠~㉢에 관한 설명으로 가장 적절한 것은?

① ㉠과 ㉡은 모두 미래가 이미 결정되어 있는 시간이라고 본다.

② ㉠과 ㉡은 모두 시간여행에서 과거에 도착하는 순간 출발지는 더 이상 존재하지 않는다고 본다.

③ ㉠과 ㉢은 모두 과거로 출발하는 시간여행이 가능하다고 본다.

④ ㉡과 달리 ㉢은 시제가 특별한 의미를 가지지 않는다고 본다.

⑤ ㉢과 달리 ㉡은 시간여행에 필요한 도착지가 존재한다고 본다.

정답 ③

20. 윗글에서 추론한 내용으로 적절하지 않은 것은?

① 3차원주의자 중에는 과거를 거슬러 올라갈 수 없는 시간으로 여기는 사람이 있을 것이다.

② 현재주의자는 누군가의 외모가 변한 것을 보면 이는 시간이 흘렀기 때문이라고 생각할 것이다.

③ 4차원주의자는 도래하지 않은 시간으로부터 이미 지나간 시간으로 시간의 흐름을 거슬러 올라갈 수 있다고 생각할 것이다.

④ 시간여행이 가능하다고 믿는 3차원주의자는 출발지 미결정의 문제가 해결되면 출발지 비존재의 문제가 해소된다고 생각할 것이다.

⑤ 시간여행의 가능성을 부인하는 3차원주의자는 우리가 미래에 도착하는 순간 도착지가 생겨난다는 주장에 대해, 그 경우에도 출발지 비존재의 문제가 남아 있다고 비판할 것이다.

정답 ③

21. 윗글을 바탕으로 〈보기〉를 설명할 때, 적절하지 <u>않은</u> 것은?

〈보　기〉

　　밴드 결성 전, 존 레논은 자신이 유명한 가수가 될 것이라는 예언을 듣는다. 자신의 미래가 궁금해진 레논은 마침 타임머신 실험 소식을 듣고 10년 후의 미래로 가고자 자원하였다. 10년 후, 그의 밴드는 유명해지고 데뷔 이전 머리가 짧았던 그는 긴 머리를 가지게 된다. 만일 10년 후로의 시간여행이 가능하다면, 미래를 방문한 무명의 레논은 장발의 록 스타인 자신을 직접 보게 될 것이다. 그러나 이는 '동일한 것은 서로 구별될 수 없다.'라는 @원리에 위배된다. 즉 '동일한 사람이 무명이면서 동시에 스타이다.'라는 ⓑ논리적 모순이 발생하는 것이다. 이 문제가 해소되지 않으면 레논은 10년 후로 시간여행을 할 수 없다.

① 시간여행의 도착지가 존재하지 않는다는 논리에 따를 경우, @에 위배되는 사건은 아예 일어나지 않겠군.

② 레논의 서로 다른 단계 중에 현재 단계가 뒤의 단계를 방문할 수 있다고 가정하면, 영원주의자에게 ⓑ는 문제가 되지 않겠군.

③ 조건부 결정론자의 논리에 따를 경우, 레논이 미래에 도착하면 자신의 10년 후 모습을 직접 보기 이전이라도 도착 순간에 이미 출발지 비존재의 문제가 해소되겠군.

④ 미래에 도착하는 시점의 레논과 미래에 있던 레논이 동일한 외모를 가질 수 있다고 가정하면, 현재주의자는 @에 위배되는 일이 발생하지 않았다고 주장할 수 있겠군.

⑤ 두 사람이 만나는 시간은 제3의 관찰자가 볼 때는 동시인 것처럼 보이지만 각자의 시간 흐름에서는 동시가 아니라고 가정하면, 현재주의자 중에는 ⓑ가 해소될 수 있다고 보는 사람도 있겠군.

정답 ④

이 문제에 대한 해설은 굳이 지금 하지 않을게요. 왜냐하면 이렇게 어려운 문제를 여러분이 꼭 지금 당장 분석하고, 이해해야 하는 것은 아니거든요. 아마 이게 무슨 소리인지 지문조차 이해가 잘 안 될 거예요. 그게 당연한 것이랍니다. 아직 기초도 제대로 쌓이지 않은 상태에서 무턱대고 고난도 문제부터 푼다면 역효과가 크게 나타날 겁니다. 문제에 대한 해설은 제가 유튜브 채널에 영상으로 올려둘테니, 실력이 충분히 쌓인 후 찾아 보세요.

기술의 정리

꼭 어려운 문제를 풀어야만 실력이 느는 건 아니에요.

수능 기출 분석과 EBS 연계교재의 배경지식화를 통해서도 충분히 실력을 키워나갈 수 있어요. 이런 과정을 충분히 거친 후 시간적 여유가 있을 때 LEET 언어이해 기출문제를 푸세요. 제가 계속 강조했듯이 국어에서, 아니 모든 과목에서 가장 중요한 건 기초를 쌓는 것이랍니다. 기초가 탄탄해야 그 위에 새로운 문제나 새로운 공부 방법을 쌓아도 흔들리지 않아요.

12

주관적 사고를 피해야 정답이 보인다

국어를 잘하려면 주관적 사고를 하면 안 된다는 말 들어봤죠? 주관적인 사고를 피하려면 주어진 지문 내에서만 생각하도록 하고, 지문에 명시적으로 없는 표현은 머릿속에서 밀어내야 합니다. 다음 문제의 일부를 볼까요?

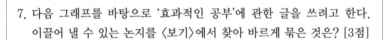

7. 다음 그래프를 바탕으로 '효과적인 공부'에 관한 글을 쓰려고 한다. 이끌어 낼 수 있는 논지를 〈보기〉에서 찾아 바르게 묶은 것은? [3점]

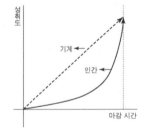

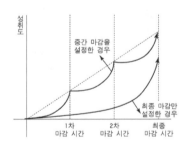

　당시 그래프를 보고 ㄴ이 적절하다고 판단한 학생들이 많았습니다. 이는 전형적인 주관적 사고입니다. 문제에 '중간 마감'만 나왔을 뿐, '중간 휴식'에 대한 언급이 전혀 없습니다. 중간 마감 때 잠시 쉬고 또 공부한다는 식으로 생각하면 무조건 틀립니다. 이는 지문에 제시된 것이 아니라 자신의 머릿속에서 상상해낸 것이기 때문이죠. 출제자는 정답이 정답일 수밖에 없도록, 지문에 명시적인 근거를 마련해놓습니다. 그리고 우리는 이를 그대로 찾으면 되는 거예요.

　물론 출제자는 학생들이 이렇게 잘못 생각할 줄 알고 ㄴ과 같은 표현을 만들었을 거예요. 바로 이런 점이 출제자의 무서움입니다. 출제자는 학생들이 어떤 부분을 어떻게 왜곡할지까지 다 꿰뚫어 보고 있습니다. 주관적 사고를 하는 학생들에게는 낮은 점수를, 객관적 사고를 하는 학생에게는 높은 점수를 주고 싶어서 매력적인 오답을 만드는 것이고요. 참고로 당시 이의 신청에 대한 출제기관의 답변[2]이 있습니다.

---

2) 2007학년도 6월 모의평가 문제 및 정답 이의 신청 관련 답변 자료

중간 마감을 휴식으로 생각할 수 있다고 보는 것은 적절하지 못합니다. 일
반적으로는 공부하는 과정에서 가끔씩 휴식을 취하는 것이 효과적일 수 있겠
지만, 제시된 두 그래프가 의미하는 바와는 관련이 없습니다. 다시 말해 마
감까지 시간이 얼마나 남았느냐에 따라 성취도의 차이가 있을 수 있다는 의
미이지, 쉬면서 공부하는 것이 효과적이라는 의미는 될 수 없습니다.

또한 오른쪽 그래프에서 기계의 성취도를 나타내는 선의 제시 여부는 문항의
풀이 과정에 아무런 영향을 주지 않습니다. 이 문항에서는 제시된 그래프를
바탕으로 하여 이끌어 낼 수 있는 논지를 찾을 것을 요구하고 있습니다. 따
라서 그래프에 표현되지 않은 사항을 추가하여 새로운 해석을 부여하는 방식
으로 이 문항을 풀면 안 됩니다.

지문에 명시된 표현을 중심으로 판단하세요.

명시된 표현과 명시된 표현으로부터 연상된 내용을 구분할 수 있어야 합니다. 출제자는 여러분이 어떻게 주관적으로 상상하고 해석할지를 이미 다 알고, 그에 맞춰 함정을 파두니까요. 이런 함정을 피하려면, 문학이든 독서든 명시된 표현에 집착해야 하고, 그 외의 것은 과감하게 무시할 수 있는 훈련이 필요하답니다.

2장

강인한 국어피지컬 단련을 위한

기출 분석 기술 5

01

기출을 풀어야
수능 맞춤식 사고를 할 수 있다

바로 앞에서 문제를 풀 때 주관적 사고가 얼마나 치명적인지 설명했어요. 함정에 빠지지 않기 위해서 지문에 명시된 표현에 집중하라고 했죠. 그런데 학생 입장에서는 자신이 주관적인 사고를 하는지 안 하는지 알 턱이 없습니다. 혹자는 상식적으로 판단하면 된다고 하는데, 출제자의 상식과 학생의 상식이 '다르기' 때문에 우리가 문제를 틀리는 것 아니겠어요?

그렇다면 어떻게 해야 이런 문제를 해결할 수 있을까요? 누가 옆에서 하나하나 출제자가 만들어 놓은 함정을 가르쳐 줄 수 있을까요? 불가능하죠. 혹시 가능하다고 하더라도 상당한 비용과 시간을 지불해야하니 물리적으로도 어렵겠죠.

그래서 제가 제안하는 최선의 방법은 수능 기출문제를 많이 풀어보는 훈련을 하는 겁니다. 우선 문제를 실전처럼 풀어보고, 이후 해설을 보며 정답으로 가는 사고 과정을 자신의 사고 과정과 비교하며 차이가 나는 부분을 전부 교정하는 훈련을 하는 겁니다. 즉, 기출문제를 판단의 기준으로 삼아 여러분의 사고 과정을 출제자의 사고 과정과 일치시켜 나가는거죠.

기술의 적용

기출문제 | 2016학년도 6월 모의평가 36번   전체 지문 보기 ▶

[지문 생략]

> ~ 나는 몸이 나른하고 몸살 ⓒ(을 아직 모르지만 병)이 나려고 그러는지 가슴이 울렁울렁하고 이랬다.

36. ㉠~㉤에 대한 설명으로 적절하지 않은 것은?

① ㉠: 인물의 이름과 별명의 연관성을 제시하고 있다.

② ㉡: 괄호를 제거해도 자연스러운 문장이 되도록 서술자의 진술이 이루어지고 있다.

③ ㉢: 소의 주인과 소를 동일시하여 '장인'에 대한 서술자의 반감을 드러내고 있다.

④ ㉣: '너무 빨리빨리 논다'라는 행동에 대한 '장인'의 평가를 첨가하고 있다.

⑤ ㉤: '점순이'가 부쩍 자란 사실을 숨겨 온 '장인'의 속셈을 알아내고 반가워하는 '나'의 태도를 제시하고 있다.

정답 ⑤

당시 괄호를 제거한다는 것이 무슨 뜻인지를 놓고 갑론을박이 이어졌어요. 괄호 안에 있는 '을 아직 모르지만 병'의 내용을 제거하라는 의미인지, 아니면 정말 괄호( )만을 제거해 '나는 몸이 나른하고 몸살을 아직 모르지만 병이 나려고 그러는지 가슴이 울렁울렁하고 이랬다.'의 의미인지 혼동이 되었던 거죠. 이와 관련해서 평가원에 이의제기도 많이 올라왔었습니다. 그렇다면 평가원은 어떻게 대답했을까요? 다음과 같은 답변을 주었답니다.

"'괄호를 제거'라는 표현을 중의적으로 해석하여 '괄호만을 제거'하라는 것인지 '괄호 속 내용까지를 제거'하라는 것인지 모르겠다는 이의제기는 문장 부호의 하나인 '괄호'의 용법에 대한 바른 이해가 아닙니다. '작은 따옴표를 제거'하라 하면 작은 따옴표만을 제거해야 하는 것과 마찬가지로, 괄호를 제거하라 하면 괄호만을 제거하는 것으로 이해해야 바른 이해입니다."

결국, 평가원의 의도는 말 그대로 괄호( )만 제거하라는 것이었죠. 종종 괄호만 제거한 문장이 '자연스러운 문장'이 아니라고 주장하는 학생들도 있는데 안타깝게도 괄호만 제거한 문장도 자연스러운 문장이 맞아요. 단지 저런 문장을 자주 쓰지 않고, 들어보지 않았기 때문에 어색하다고 생각하는 것뿐이죠. 우리는 기출문제를 통해 이런 부분을 훈련해야 하는 겁니다. 특히 다음과 같은 질문을 던지는 것은 피해야 해요.

'이런 예외적인 경우를 가정하면 정답이 잘못된 것은 아닐까? 이런 예외적인 경우를 가정하면 이것도 정답이 될 수 있지 않을까?'

기출문제를 아무리 많이 풀고 열심히 공부해도 국어 점수가 제자리인 학생들은 문제를 풀면서 계속 저런 질문을 던지는 경우가 많아요. 이렇게 하나하나 따져가면서 공부하면 일단 시간 면에서 매우 비효율적이고 계속 출제자와 다른, 즉, 잘못된 사고 과정을 집요하게 연습하는 꼴이 되어 기능 면에서도 기출문제를 공부하는 의미가 전혀 없는 것이죠. 이제 기출문제가 중요한 이유와 판단의 기준이 된다는 의미를 아시겠나요? 평가원의 생각, 평가원이 문제를 내는 패턴, 평가원이 정답을 만드는 방법 등 이 모든 것은 기출문제를 통해서 배울 수 있어요.

기술의 정리

국어 점수 향상을 위한 첫 단계가 바로 기출문제예요.

대학교, 대학원에 가면 기존에 정답이라고 믿던 지식에 대해서도 근거를 따져보고 의심해 볼 필요가 있어요. 하지만 수험생은 그럴 필요도 없고, 그래서도 안 됩니다. 시험은 표준화된 사람을 선발하기 위한 도구니까요. 성적을 올리기 위해서는 기출문제를 통해 수능 맞춤 표준화된 사고 과정을 인정하고 수용하는 것이 매우 중요하답니다.

02

기출문제,
너무 아끼면 똥 된다

맛있는 음식을 먼저 먹냐, 나중에 먹냐는 취향 차이니 존중할 수 있어요. 그런데 기출문제는 빨리 먹고, 계속 먹고, 막판에 또 먹어야 하는 음식과 똑같습니다. 간혹 기출문제는 아껴뒀다가 실력 평가용으로 가장 마지막에 풀겠다는 학생들이 있는데, 미련한 짓입니다. 마지막까지 풀지 않고 아껴둘 수가 없어요. 웬만한 교재, 수능 강의에서 죄다 기출문제를 다루기 때문입니다. 빨리 풀면 나중에 풀 게 없다는 이유도 있던데, 말이 안 돼요. 양질의 사설 모의고사도 시중에 많이 나오니, 마지막에 정 풀 게 없으면 그 문제들을 풀면 됩니다.

무엇보다 국어 기출문제는 문제 자체가 일종의 개념이기도 합니다. 문제를 통해 지문을 어떻게 읽었어야 하는지, 어떤 기준으로 선지를 판단해야 하는지를 세세하게 배울 수 있어요. 그리고 이를 체화하기 위해서는 반복해서 풀어야 합니다. 따라서 기출문제를 미리 풀면 나중에 풀 문제가 없다는 변명은 성립하지 않아요. 기출문제는 지금도, 나중에도 풀어야 하는 것입니다. 이와 관련하여 2022학년도 수능 만점자 '김선우'님의 인터뷰를 참고해 볼까요?

> 국어를 예로 들자면, 수능 한 달 전부터 회차별로 묶인 기출문제집이 있어요. 그거를 이제 한 2017학년도 문제부터 계속 분석을 해나갔거든요. 일주일에 두세 회차씩 했던 것 같은데 그걸 함으로써 기출을 한 번 더 볼 수 있었고 아무래도 평가원의 기출문제들은 현역 때부터 재수 때까지 여러 번 봤던 거니까 익숙하잖아요. 익숙한 만큼 분석하는 데는 좋았다고 생각을 해요.

기출문제는 막판까지 아껴두는 게 아닙니다. 여러 번 보고 또 보며 완벽하게 내 것으로 만들고 막판에 또 보는 거예요. 어떻게 봐야 하나고요? 그 방법은 한 장만 넘겨보세요.

기술의 정리

지금부터 기출문제는 보고 또 보고 계속 보세요.

기출 분석은 빨리 시작할수록 이득이에요. 기초를 닦았다면 바로 기출 분석에 들어가세요. 그리고 마지막까지 계속 반복하세요. 우리는 문제를 통해 아주 많은 걸 배울 수 있거든요.

03
기출문제를 반복할 땐
바둑을 기억하자

기출문제의 중요성을 반복할 때마다 제가 항상 듣는 질문이 있습니다. "도대체 국어영역 기출문제를 어떻게 '반복'해서 공부한다는 거죠?" 그리고 이런 하소연도 많이 듣죠. "다시 풀어보려고 하는데 답이 다 기억나요." 이미 풀어봤던 문제에 대한 답이 기억나는 것은 어찌보면 당연한 거죠. 오히려 답이 하나도 기억 안 난다면 그게 더 큰일 아닐까요?

그런데 신기하게도 성적이 좋은 학생들은 이런 질문을 잘 안 해요. 오히려 기출문제를 풀 때마다 매번 새롭고 깨닫는 게 많다고 이야기하죠. 심지어 아침에 본 문제를 저녁에 다시 볼 때 또 다르다고 말한 학생도 여럿 봤어요. 대체 어떻게 공부하길래 이렇게 다른 것일까요?

문제를 통해서 볼까요? 제가 알아보기 쉽도록 지문 속 문장마다 번호를 매겨놨어요.

　　두 명제가 모두 참인 것도 모두 거짓인 것도 가능하지 않은 관계를 모순 관계라고 한다.[1-1] 예를 들어, 임의의 명제를 P라고 하면 P와 ~P는 모순 관계이다.(기호 '~'은 부정을 나타낸다.)[1-2] P와 ~P가 모두 참인 것은 가능하지 않다는 법칙을 무모순율이라고 한다.[1-3] 그런데 "다보탑은 경주에 있다."와 "다보탑은 개성에 있을 수도 있었다."는 모순 관계가 아니다.[1-4] 현실과 다르게 다보탑을 경주가 아닌 곳에 세웠다면 다보탑의 소재지는 지금과 달라졌을 것이다.[1-5] 철학자들은 이를 두고, P와 ~P가 모두 참인 혹은 모두 거짓인 가능세계는 없지만 다보탑이 개성에 있는 가능세계는 있다고 표현한다.[1-6]

　　'가능세계'의 개념은 일상 언어에서 흔히 쓰이는 필연성과 가능성에 관한 진술을 분석하는 데 중요한 역할을 한다.[2-1] 'P는 가능하다'는 P가 적어도 하나의 가능세계에서 성립한다는 뜻이며, 'P는 필연적이다'는 P가 모든 가능세계에서 성립한다는 뜻이다.[2-2] "만약 Q이면 Q이다."를 비롯한 필연적인 명제들은 모든 가능세계에서 성립한다.[2-3] "다보탑은 경주에 있다."와 같이 가능하지만 필연적이지는 않은 명제는 우리의 현실세계를 비롯한 어떤 가능세계에서는 성립하고 또 어떤 가능세계에서는 성립하지 않는다.[2-4]

　　가능세계를 통한 담론은 우리의 일상적인 몇몇 표현들을 보다 잘 이해하는 데 도움이 된다.[3-1] 다음 상황을 생각해 보자.[3-2] 나는 현실에서 아침 8시에 출발하는 기차를 놓쳤고, 지각을 했으며, 내가 놓친 기차는 제시간에 목적지에 도착했다.[3-3] 그리고 나는 "만약 내가 8시 기차를 탔다면, 나는 지각을 하지 않았다."라고 주장한다.[3-4] 그런데 전통 논리학에서는 "만약 A이면 B이다."라는 형식의 명제는 A가 거짓인 경우에는 B의 참 거짓에 상관없이 참이라고 규정한다.[3-5] 그럼에도 내가 만약 그 기차를 탔다면 여전히 지각을 했을 것이라고 주장하지는 않는 이유는 무엇일까?[3-6] 내가 그 기차를 탄 가능세계들을 생각해 보면 그 이유를 알 수 있다.[3-7] 그 가능세계 중 어떤 세계에서 나는 여전히 지각을 한다.[3-8] 가령 내가 탄 그 기차가 고장으로 선로에 멈춰 운행이 오랫동안 지연된 세계가 그런 예이다.[3-9] 하지만 내가 기차를 탄 세계들 중에서, 내가 기차를 타고 별다른 이변 없이 제시간에 도착한 세계가 그렇지 않은 세계보다 우리의 현실세계와의 유사성이 더 높다.[3-10] 일반적으로, A가 참인 가능세계들 중에 비교할 때, B도 참인 가능세계가 B가 거짓인 가능세계보다 현실세계와 더 유사하다면, 현실세계의 나는 A가 실현되지 않은 경우에, 만약 A라면 ~B가 아닌 B라고 말할 수 있다.[3-11]

가능세계는 다음의 네 가지 성질을 갖는다.[4-1] 첫째는 가능세계의 일관성이다.[4-2] 가능세계는 명칭 그대로 가능한 세계이므로 어떤 것이 가능하지 않다면 그것이 성립하는 가능세계는 없다.[4-3] 둘째는 가능세계의 포괄성이다.[4-4] 이것은 어떤 것이 가능하다면 그것이 성립하는 가능세계는 존재한다는 것이다.[4-5] 셋째는 가능세계의 완결성이다.[4-6] 어느 세계에서든 임의의 명제 P에 대해 "P이거나 ~P이다."라는 배중률이 성립한다.[4-7] 즉 P와 ~P 중 하나는 반드시 참이라는 것이다.[4-8] 넷째는 가능세계의 독립성이다.[4-9] 한 가능세계는 모든 시간과 공간을 포함해야만 하며, 연속된 시간과 공간에 포함된 존재들은 모두 동일한 하나의 세계에만 속한다.[4-10] 한 가능세계 W1의 시간과 공간이, 다른 가능세계 W2의 시간과 공간으로 이어질 수는 없다.[4-11] W1과 W2는 서로 시간과 공간이 전혀 다른 세계이다.[4-12]

39. 윗글의 내용과 일치하는 것은?

① 배중률은 모든 가능세계에서 성립한다.
② 모든 가능한 명제는 현실세계에서 성립한다.
③ 필연적인 명제가 성립하지 않는 가능세계가 있다.
④ 무모순율에 의하면 P와 ~P가 모두 참인 것은 가능하다.
⑤ 전통 논리학에 따르면 "만약 A이면 B이다."의 참 거짓은 A의 참 거짓과 상관없이 결정된다.

정답 ①

이 문제를 통해서 어떻게 복습하고 문제를 다시 풀어보며 분석해야 나의 것으로 만들 수 있는지 알아봅시다.

1. 풀이 과정을 '복기'하자

복기라는 것은 바둑 용어인데 바둑을 다 끝내고 다시 처음부터 한 수, 한 수 그대로 놓아 보는 것을 말해요. 복기를 통해 자신의 오류를 발견하고 반성하는 것이죠. 기출문제 분석도 복기하듯이 해야 합니다. 마지막 결과를 향해 한 수, 한 수 되짚어가며 바둑알을 두는 것처럼 지문을 읽고, 문제를 읽고, 정·오답의 근거를 찾아서 답을 고르는 사고 과정의 흐름을 처음부터 순서대로 그대로 재현하는 것. 이게 문제를 다시 푼다는 것의 가장 정확한 의미랍니다.

좀 생소한가요? 하지만 여러분은 이미 복기하듯 문제를 다시 풀고 있어요. 수학 문제도 답을 알고 있더라도 다시 풀어보며 정리하잖아요. 문제를 읽고 식을 세워서 논리적 단계를 따라가 답에 이르는 과정을 반복하는 것. 이것이 복기이고, 국어 문제도 똑같은 관점에서 풀면 된답니다. 선지가 지문의 어디에서 나왔는지 하나하나 분석하는 거죠. 선지가 지문에서 그대로 나오지 않았을 수도 있어요. 그럴 땐 선지의 근거가 되는 문장을 찾으면 됩니다. 39번 문제는 이렇게 정리할 수 있어요.

선지	①	②	③	④	⑤
근거 문장	4-7	2-4	2-3	1-3	3-5

사실 지문마다 번호를 매길 필요도 없어요. 저는 여러분들이 문장을 빠르게 찾을 수 있도록 하기 위해 이러한 방법을 사용했지만 여러분은 그냥 지문에 형광펜으로 죽죽 색을 칠해 놓거나 밑줄을 긋고 빠르게 확인하고 넘어가면 된답니다.

2. 출제자와 대화하자

실제로 출제자를 찾아가라는 게 아니에요. 출제자의 입장이 되어 문제를 바라보는 게 국어 복습의 또 다른 방법이죠. 구체적으로 출제자가 왜 이 지문에서 이 문제를 출제할 수밖에 없었는지, 선지는 어떤 방식으로 만들었는지, 왜 이 선지가 정답이 될 수 있는지 고민해 본 적 있나요? 화작이든, 문학이든 모든 영역에 적용해 보세요. 복기하는 것을 넘어 이 단계까지 도달하면 어떤 지문을 만나도 두려움이 없을 거예요. 39번의 선지에는 이런 비밀이 숨겨져 있어요.

① 배중률은 모든 가능세계에서 성립한다.

4-7 지문을 '복사-붙여넣기'했죠? 바로 정답!

② ~~모든~~ 가능한 명제는 현실세계에서 성립한다.

단어를 바꿔치기했어요. '모든'이 아니라 '어떤'이 되어야 합니다.

③ 필연적인 명제가 성립하지 않는 가능세계가 ~~있다~~

서술어를 반대로 바꾸며 틀린 선지를 만들었네요. '있다'가 아니라 '없다'

④ 무모순율에 의하면 P와 ~P가 모두 참인 것은 ~~가능하다~~

③과 마찬가지로 서술어를 비틀어 오답을 만들었어요. '가능하다'가 아니라 '가
능하지 않다'

⑤ 전통 논리학에 따르면 "만약 A이면 B이다."의 참 거짓은 A의 참
거짓과 상관없이 결정된다.

'A가 거짓인 경우에는'라는 조건이 누락되었고, 'A의 참 거짓과 상관없이'가 아
니라 'B의 참 거짓과 상관없이'가 되어야 해요. 즉, 출제자는 조건의 누락과 바
꿔치기로 함정을 만들었어요.

⑤ 같은 경우는 처음부터 '조건의 누락'으로 정리하기는 어려워요. 하지만 비슷한 방식으로 만든 다른 문제를 만나다 보면 '조건의 누락'을 공통의 패턴으로 인식할 수 있어요. 그 다음 이 문제를 다시 풀어 보면 처음에는 보이지 않았던 패턴이 보이면서 내 것으로 만들 수 있는 것이죠.

이렇게 여러 번 반복하다 보면 출제자가 왜 이 선지를 정답으로 만들었는지도 생각해 볼 수 있어요. 사실 출제자가 직접 밝힌 적이 없어서 정답은 없고 '그냥 출제자가 아무거나 낸 거다.'라고 생각할 수도 있지만 점점 실력이 쌓이면서 "'모순 관계(1문단), 필연적 명제(2문단), 배중률(4문단)' 등 지문의 핵심 개념과 긴밀한 관계를 맺는 내용이라서 ①을 정답으로 출제했다." 라고 답할 수 있게 될 거예요.

나의 사고 과정이 제대로 정답을 향해 뻗어나가고 있는지 하나씩 되짚어보자

기출문제의 정답을 맞히는 것보다 제대로 복습하는 게 더 중요해요.

문제를 다시 풀면서 자신의 사고 과정이 답을 향해서 잘 전개되고 있는지 확인하는 것이 국어 반복 복습법이죠. 국어뿐만 아니라 다른 과목도 마찬가지이고, 이런 훈련이 여러분의 사고 과정을 시험에 최적화시켜줄 수 있어요. 이러한 복습은 누구도 대신해 줄 수 없는 개인적인 과정이고 이를 얼마나 여러 번 수행하느냐가 '실력'을 결정하죠. 그러니 푼 문제를 계속 복기하면서 사고 과정을 시험에 최적화시켜보세요.

04

기출은 최소 10개년은
푸는 게 예의다

앞에서 기출문제를 분석하는 것이 중요하다고 계속 강조했죠? 그럼 여러분들은 이제 이러한 의문이 생길 거예요. '그동안 출제됐던 모든 기출문제를 풀어보고 분석해야 하나? 5개년만 풀어도 되나? 아님 10개년?' 확실하게 결론만 말하자면 2~3개년치 기출을 열심히 풀고 분석하며 들여다보는 것만으로는 기출 분석에 한계가 있어요. 유사한 유형을 묶어서 풀어보고 비교할 때 드러나는 출제자의 의도와 특성이 분명하게 있거든요. 예를 들어볼까요? 저는 국어 지문에서 "A는 B가 아니라 C이다." 같은 문장 구조가 나오면 출제자가 어떤 식으로든 문제화한다는 사실을 발견했어요. 과연 이 패턴을 어떻게 깨닫게 됐을까요? 만약 1회분 시험지만 분석했다면 이러한 패턴을 발견하지는 못했을 거예요. 과년도 기출문제를 10개년 이상 쭉 훑어봤고 분석했기 때문에 이런 패턴을 발견하게 된 거죠. 구체적으로 어떤 과정을 거쳤는지 볼까요?

1. 최근 기출 시험지를 풀어본 후 문제의
정오답 근거를 꼼꼼하게 살펴본다.

↓

2. 선지마다 "이 선지가 왜 문제화됐지?"라는 질문을 던져본다.

↓

3. 지문의 "A는 B가 아니라 C이다."로부터
선지화된 것에 착안하여 "출제자는 'A는 B가 아니라
C이다.' 문장 구조를 선지화한다."라는 가설을 세운다.

↓

4. 내가 생각한 가설이 맞는지 확인하기 위해
다른 기출문제를 풀며 확인해 본다.

↓

5. 만약 다른 지문에서도 "A는 B가 아니라 C이다."라는
구조가 선지화된다면 가설은 입증된다.

이런 식으로 기출문제마다 계속 분석하고, 반복하고, 또 분석해 나가다 보니 출제 패턴을 자연스럽게 몸으로 익힐 수 있었어요. 가설이 틀린 것으로 판명되면 다시 처음으로 돌아가서 새로운 가설을 만

들어보고 또 테스트해보면 되죠. 출제 패턴을 발견하고 검증해 보기 위해서 기출문제는 많이 풀어볼수록 좋아요. 그러다 보면 여러 번 봤던 문제임에도 새롭게 느껴질 때가 있을 텐데, 이는 바로 여러분이 성장했다는 증거라고 생각하면 됩니다.

문학에서도 이런 패턴을 몇 가지 발견할 수 있는데, 일례로 공감각적 표현을 살펴볼까요? 기출문제를 보면, 작품에 공감각적 표현이 나올 때마다 선지에 '공감각적 표현'을 묻는 선지가 등장하곤 해요. 이를 토대로 다음과 같은 패턴을 정립할 수 있죠. "작품을 읽다가 공감각적 표현이 나오면, '공감각적 표현'을 묻는 선지가 나오겠구나!" 정말 그런지 문제에서 증명해 볼까요?

기출문제 | 2019학년도 수능 국어영역 35번, 23번   전체 지문 보기 ▶

[일부 지문 생략]

> [나]
> (생략)
> 눈은 수천수만의 **날개**를 달고
> **하늘**에서 내려와 샤갈의 마을의
> **지붕과 굴뚝**을 덮는다.
> (생략)
>   – 김춘수, 「샤갈의 마을에 내리는 눈」

35. 〈보기〉를 참조하여 (나)를 감상한 내용으로 적절하지 <u>않은</u> 것은?

[보기 생략]

① '샤갈의 마을'은 시인이 그림 속 마을 풍경에서 받은 인상을 자신의 고향 마을에 투사하여 표현한 것이군.

② '삼월에 눈', '봄을 바라고 섰는 사나이', '새로 돋은 정맥' 등은 시인이 그림 속 이질적 이미지들의 병치를 다양한 이미지들의 병치로 변용하여 봄의 생동감을 형상화한 것이군.

③ '날개', '하늘', '지붕과 굴뚝' 등은 시인이 밝고 화려한 색감을 지닌 그림 속 마을의 모습을 공감각적 이미지의 풍경으로 변용한 것이군.

④ '올리브빛'은 시인이 그림 속에서 영감을 받은 것으로 '겨울 열매들'을 물들이는 따뜻한 봄의 이미지를 표상한 것이군.

⑤ '아낙', '아궁이' 등은 시인이 초현실주의적 그림 속 풍경에 대한 감각적 인상을 고향 마을을 떠올리게 하는 이미지로 전이시킨 것이군.

정답 ③

[일부 지문 생략]

> [A] 독자는 그 수다스러운 점룡이 어머니가, 이미 한 달도 전에, 어디서 어떻게 들었던 것인지, 쉬이 신전 집이 낙향을 하리라고 가장 은근하게 빨래터에서 하던 말을 기억하고 계실 것이다. 이를테면 그것이 그대로 실현된 것에 지나지 않는다. 그러나 다만 그들의 가는 곳은, 강원도 춘천이라든가 그러한 곳이 아니라, 경기 강화였다.
>
> - 박태원, 「천변풍경」 -

23. [A]에 대한 설명으로 적절하지 <u>않은</u> 것은?

① 독자가 가진 정보를 상기시키고 있다.

② 정보를 제공한 인물을 독자에게 환기시키고 있다.

③ 독자를 언급하여 서술자의 개입을 드러내고 있다.

④ 정보가 실현되지 못한 원인을 독자의 망각에서 찾고 있다.

⑤ 인물의 행선지와 관련한 정보를 독자에게 제공하고 있다.

정답 ④

첫 번째 35번을 볼까요? 우리는 지문을 생략하고 출제 패턴을 찾기 위해 해당되는 부분만 살펴보고 있지만 지문에 제시된 표현은 감각의 전이가 없는 시각적인 이미지를 나열하고 있을 뿐이에요. 따라서 ③ '날개', '하늘', '지붕과 굴뚝' 등은 시인이 밝고 화려한 색감을 지닌 그림 속 마을의 모습을 공감각적 이미지의 풍경으로 변용한 것이군. 이라는 선지와 지문의 '날개', '하늘', '지붕', '굴뚝'은 맞지 않는 설명인거죠. 적절하지 않은 것을 고르는 문제니까 정답은 ③번!

두 번째 23번도 한번 볼까요? 공감각적 표현 외에 서술자의 개입도 거의 100% 문제화되곤 해요. 즉, 지문만 보면 어떤 문제가 나올지 어느 정도 예측할 수 있다는 뜻이죠. 서술자의 개입이란 독자가 서술자의 존재를 분명하게 인지할 수 있게 서술하는 것을 말하는데, [A]를 보면 서술자가 이야기를 하다 말고 독자에게 말을 걸고 있죠?

[A] 독자는, 그 수다스러운 점룡이 어머니가, 이미 한 달도 전에, 어디서 어떻게 들었던 것인지, 쉬이 신전 집이 낙향을 하리라고 가장 은근하게 빨래터에서 하던 말을 기억하고 계실 것이다.

서술자의 존재가 확 느껴지기 때문에 서술자의 개입이 있다고 판단할 수 있어요. 이런 경우 출제자는 어떤 식으로든 문제화하죠. 애초에 출제자가 [A]로 묶은 이유가 바로 여기 있답니다. 정답인 ④와 같은 내용은 지문에서 찾을 수 없어요. 참고로 ⑤는 지문의 마지막 줄 "A는 B가 아니라 C이다"를 선지화한 것으로 볼 수 있습니다. '공감각적 표현', '서술자의 개입'에 대해 잘 몰랐다면 기초 개념, 어휘력이 부족한 것으로 볼 수 있어요. 이 개념들은 수능뿐만 아니라 내신에도 잘 나오니 확실히 다지고 관련 기출문제를 전부 정리해 둘 필요가 있답니다. 실제 문제를 통해서 확인하고 나니까 기출문제를 2~3개년만 풀어서는 안 되는 이유가 더 명확해졌죠?

기출문제는 많이 풀고 분석 할수록 좋으니, 최소 10개년은 풀어보세요.

많이 풀고 분석한다는 뜻은 출제자의 문제 출제 패턴을 더욱 많이 파악할 수 있다는 뜻이기도 하니까요. 하지만 무조건 문제만 많이 풀고 넘어가는 건 의미 없겠죠. 자신이 어떤 함정에 잘 빠지는지 출제자의 의도를 파악하고 지문의 특성을 분석하며 최소 10개년 정도는 풀어보는 것이 좋아요.

05

기초 체력이 없다면
기출문제도 줄줄 샌다

지금까지 기출문제의 중요성에 대해 알아봤습니다. 아마 지금 당장 기출문제집을 사서 풀고 싶을 거예요. 하지만 무턱대고 처음부터 기출문제를 푸는 건 생각보다 비효율적이랍니다. 제 생각에 기출문제를 풀며 공부하는 것은 턱걸이를 통해 근력을 기르는 것과 같은 이치인 것 같아요. 턱걸이를 해 보면 일단 처음 한 개를 시작하는 것 자체가 굉장히 어렵죠. 한 개만 할 수 있어도 반복하며 근력을 키워 개수를 늘리는 게 중요해요. 하지만 시작을 못 하니 턱걸이로 근력 향상이 불가능하죠. 그래서 매달려 있기부터 시작해서 밴드를 다리에 걸고 연습하는 등 기초 근력을 기르는 것부터 시작해야 합니다. 기출문제 분석도 마찬가지예요. 일단 기출문제를 풀고 이해할 수 있기 위해서는 기초 실력이 필요하고 그래야 성적이 오를 수 있어요.

[지문 생략]

35. 〈보기〉를 참고하여 (나)를 감상한 내용으로 적절하지 <u>않은</u> 것은?

<보   기>

　　김춘수는 샤갈의 그림 「나와 마을」에서 받은 느낌을 시로 표현함으로써 상호 텍스트성을 구현했다. 올리브빛 얼굴을 가진 사나이와 당나귀가 서로 마주 보고 있는 그림에서 영감을 받은 시인은, "특히 인상 깊었던 것은 커다란 당나귀의 눈망울이었고, 그 당나귀의 눈망울 속에 들어앉아 있는 마을이었다."라고 느낌을 말했다. 또한 밝고 화려한 색감을 지닌 이질적 이미지들의 병치로 이루어진 샤갈의 초현실주의적 그림에 대한 감각적 인상을, 자신의 고향 마을에 투사하여 다양한 이미지의 병치로 변용했다. 이는 봄을 맞이한 생동감과 고향 마을의 따뜻한 풍경에 대한 그리움을 형상화한 것이라고 할 수 있다.

① '샤갈의 마을'은 시인이 그림 속 마을 풍경에서 받은 인상을 자신의 고향 마을에 투사하여 표현한 것이군.

② '삼월에 눈', '봄을 바라고 섰는 사나이', '새로 돋은 정맥' 등은 시인이 그림 속 이질적 이미지들의 병치를 다양한 이미지들의 병치로 변용하여 봄의 생동감을 형상화한 것이군.

③ '날개', '하늘', '지붕과 굴뚝' 등은 시인이 밝고 화려한 색감을 지닌 그림 속 마을의 모습을 공감각적 이미지의 풍경으로 변용한 것이군.

④ '올리브빛'은 시인이 그림 속에서 영감을 받은 것으로 '겨울 열매들'을 물들이는 따뜻한 봄의 이미지를 표상한 것이군.

⑤ '아낙', '아궁이' 등은 시인이 초현실주의적 그림 속 풍경에 대한 감각적 인상을 고향 마을을 떠올리게 하는 이미지로 전이시킨 것이군.

 정답 ③

앞에서 봤던 문제죠? 이 문제를 틀려서 분석해야 한다고 가정해 봅시다. 그런데 만약 '공감각적 이미지'에 대한 개념이 없으면 문제를 제대로 분석할 수가 없겠죠? 그때그때 해설을 통해서 땜빵하듯 공부할 수도 있겠지만 효율이 떨어질 뿐만 아니라 어딘가에 개념 구멍이 생길 가능성도 높아요. 따라서 기초 개념을 먼저 싹 정리하고 기본적인 문제 풀이 스킬도 익힌 뒤에 기출문제 분석에 들어가는 것을 추천해요. 그래야 공부하기 편하고, 또 효율적으로 학습할 수 있어요.

기출문제를 풀기 전 제대로 보는 눈부터 길러야 해요.

기출문제 분석이 중요하다는 이야기를 주위에서 많이 들어서 빨리 풀고 정리하고 싶을 거예요. 그렇지만 기출문제를 공부하기 전 과연 지금 자신의 수준이 어느 정도인지를 객관적으로 생각해 보세요. 이직 기초 개념이 부족하다고 느껴진다면 기출문제 분석보다는 개념 정리를 먼저 하고 분석을 시작합시다. 그래야 여러분의 실력이 흔들리지 않고 쑥쑥 늘어날 수 있어요.

3장

국어피지컬의 디테일을 완성하는

영역별 기술 13

01

처음 보는 현대시도
분석할 수 있다

    고전문학과는 또 다르게 현대문학, 특히 현대시는 아는 단어들로 이루어진 문장인데도 무슨 뜻인지 이해하기 어려운 표현들이 있어요. 주제도 너무 다양하고 무엇보다 EBS 연계교재나 교과서에 실려 있지 않던 작품이 수능에 출제되곤 하죠. 내신은 기본적으로 학교 수업과 자습서를 보면 어떻게든 해결될 것 같은데 수능은 어떻게 해야 할까요? 본격적으로 답하기 전에 미술로 예를 들어서 설명해 볼게요. 여러분은 추상화를 감상해 본 적 있나요? 추상화를 감상하고 서로 의견을 나누다 보면 '같은 작품을 보고 이렇게 서로 다르게 감상할 수 있다고?' 싶을 정도로 각자 의견이 다를 가능성이 높아요. 뭔가 하나의 정답이 있는 것도 아니고, 있을 필요도 없죠. 설령 작가가 어떤 의도를 가지고 그렸다고 해도 그게 유일한 정답이라고 강요될 수도 없고요.

그런데 내용이 아니라 형식에 대해서 물어보면 어떨까요? 예를 들어 '그림에 직선이 1개인가?', '그림에 삼각형이 6개인가?', '그림은 파란색인가?'라고 묻는다면? 이런 질문에는 YES or NO로 명확하게 답할 수 있죠. 이처럼 내용 감상은 주관적이지만, 형식에 대한 판단은 객관적일 수밖에 없어요. 현대시도 이런 관점으로 접근하면 돼요. 만약 작품을 읽었는데 무슨 소리인지 모르겠다면? 남들도 똑같아요. 출제자도 그런 것을 알기 때문에 주로 형식적인 측면을 묻곤 하죠. 그래야 오답 시비가 걸리지 않으니까요. 혹 형식이 아닌 내용에 대해서 묻는다면 반드시 〈보기〉를 줘서 해석의 방향을 제한해 주죠. 백문이 불여일견! 실제 수능에 나왔던 현대시 문제 한 세트를 봅시다.

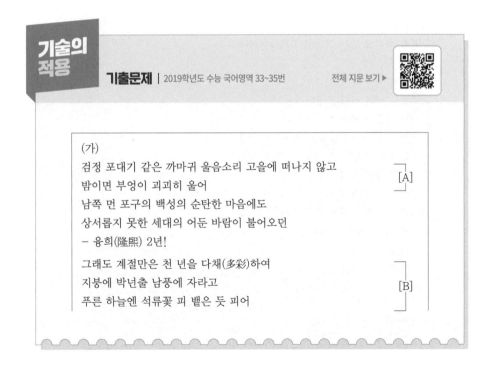

기술의 적용

기출문제 | 2019학년도 수능 국어영역 33~35번   전체 지문 보기 ▶

(가)

검정 포대기 같은 까마귀 울음소리 고을에 떠나지 않고
밤이면 부엉이 괴괴히 울어   [A]
남쪽 먼 포구의 백성의 순탄한 마음에도
상서롭지 못한 세대의 어둔 바람이 불어오던
– 융희(隆熙) 2년!

그래도 계절만은 천 년을 다채(多彩)하여
지붕에 박넌출 남풍에 자라고   [B]
푸른 하늘엔 석류꽃 피 뱉은 듯 피어

나를 잉태한 어머니는
짐짓 어진 생각만을 다듬어 지니셨고   ⎤
젊은 의원인 아버지는   ⎬ [C]
밤마다 사랑에서 저릉저릉 글 읽으셨다   ⎦

왕고못댁 제삿날 밤 열나흘 새벽 달빛을 밟고   ⎤
유월이가 이고 온 제삿밥을 먹고 나서   ⎬ [D]
희미한 등잔불 장지 안에   ⎦
번문욕례 사대주의의 욕된 후예로 세상에 떨어졌나니

신월(新月)같이 슬픈 제 족속의 태반을 보고   ⎤
내 스스로 고고(呱呱)*의 곡성(哭聲)*을 지른 것이 아니련만   ⎬ [E]
명(命)이나 길라 하여 할머니는 돌메라 이름 지었다오   ⎦

                                    – 유치환, 「출생기(出生記)」 –

* 고고: 아이가 세상에 나오면서 처음 우는 울음소리.
* 곡성: 사람이 죽어 슬퍼서 크게 우는 소리.

(나)
샤갈의 마을에는 **삼월에 눈이** 온다.
봄을 바라고 섰는 사나이의 관자놀이에
새로 돋은 정맥이
바르르 떤다.
바르르 떠는 사나이의 관자놀이에
새로 돋은 정맥을 어루만지며
눈은 수천수만의 **날개**를 달고
하늘에서 내려와 샤갈의 마을의
지붕과 굴뚝을 덮는다.
삼월에 눈이 오면
샤갈의 마을의 쥐똥만 한 **겨울 열매**들은
다시 **올리브빛**으로 물이 들고
밤에 **아낙**들은
그해의 제일 아름다운 불을
아궁이에 지핀다.

                                    – 김춘수, 「샤갈의 마을에 내리는 눈」 –

33. (가)와 (나)의 공통점으로 가장 적절한 것은?

① 시간과 관련된 표지를 제시하여 시적 분위기를 조성하고 있다.

② 과거 시제를 사용하여 서사적 사건을 들려주는 형식을 취하고 있다.

③ 시적 상황의 객관적 관찰에 초점을 둠으로써 주관적 의미의 서술을 배제하고 있다.

④ 암울하고 비관적인 정서를 내포한 시어를 사용하여 비극적 상황을 고조하고 있다.

⑤ 자연물을 살아 있는 대상으로 묘사하여 화자가 느끼는 이국적인 세계의 모습을 담아내고 있다.

정답 ①

34. [A]~[E]에 대한 이해로 적절하지 <u>않은</u> 것은?

① [A]: 청각의 시각화를 통해 음산한 시적 상황을 조성하고 있다.

② [B]: 시대 상황과 대비되는 자연의 모습을 통해 생명력을 표현하고 있다.

③ [C]: 대구 형식을 활용하여 화자의 출생을 앞둔 집안의 분위기를 드러내고 있다.

④ [D]: 화자가 태어난 날의 상황을 구체적으로 서술하여 출생에 대한 감격을 드러내고 있다.

⑤ [E]: 울음소리에서 연상되는 상반된 의미와 연결하여 화자의 이름이 지어진 이유를 제시하고 있다.

정답 ④

작품만 봐서는 이해가 잘 되지 않죠? 사실 저도 잘 모르겠어요. 대충 (가)는 제목이 '출생기'이므로 자기가 태어난 기록인 것 같아요. 융희 2년에 태어났고, 분위기가 안 좋다는 것은 알 수 있을 거예요. '상서롭지 못한', '어둔 바람', '욕된 후예', '곡성' 이라는 표현이 등장하고 있으니까요. (나)는 제목이 거의 다라고 할 수 있어요. 샤갈의 마을에 눈 내리는 모습을 그렸는데 '새로 돋은', '아름다운' 등의 표현을 보면 느낌이 긍정적이에요. 이 정도는 파악할 수 있죠? 시에 대한 감상은 이 정도면 충분합니다. 문제는 객관적으로 확인할 수 있는 것들을 묻기 때문이죠. 먼저 33번을 볼까요? 선지가 형식 → 내용 꼴인데 우선 형식을 잽싸게 확인하고, 이후 필요한 내용을 확인하면 됩니다.

기술의 적용

기출 선지

① 시간과 관련된 표지를 제시하여 시적 분위기를 조성하고 있다.

> 시간과 관련된 표지? (가)의 '융희(隆熙) 2년!', (나)의 '삼월'이 제시되었죠. 뒤의 "시적 분위기를 조성하고 있다."는 당연히 맞는 말이에요. 어떤 분위기인지는 구체적으로 몰라도 돼요. 시 안의 모든 표현은 시의 분위기와 주제를 위해 봉사하니까요. 만약 그렇지 않다면 애초에 시인이 시에서 표현을 삭제했을 거예요. 엇? 그럼 이게 정답이다!

② 과거 시제를 사용하여 서사적 사건을 들려주는 형식을 취하고 있다.

> (가)에는 '읽으셨다', '지었다오'라는 과거 시제가 사용되었어요. 그런데 (나)에는 그런 과거 시제가 없고 온통 현재 시제뿐이에요. (나)에는 과거 시제가 전혀 없으니 바로 X하고 넘어갑시다.

③ 시적 상황의 객관적 관찰에 초점을 둠으로써 주관적 의미의 서술을 배제하고 있다.

> 앞서 (가)는 부정적, (나)는 긍정적 느낌이라고 파악했죠? 이는 '어둔', '욕된', '아름다운'과 같은 주관적 의미의 서술을 통해 알 수 있었어요. 따라서 (가), (나) 모두에서 배제하고 있지 않아요.

④ 암울하고 비관적인 정서를 내포한 시어를 사용하여 비극적 상황을 고조하고 있다.

> (가)에는 '상서롭지 못한', '어둔 바람', '욕된 후예', '곡성' 같은 시어가 있지만, (나)에는 그런 시어가 전혀 보이지 않아요.

⑤ 자연물을 살아 있는 대상으로 묘사하여 화자가 느끼는 이국적인 세계의 모습을 담아내고 있다.

> '자연물을 살아 있는 대상으로 묘사'하는 것은 활유법이죠. (나)에는 '눈은 수천 수만의 날개를 달고' 같은 표현이 있으니 활유법이 사용되었지만 (가)에는 이런 표현이 전혀 없어요.

어때요? 지문의 시는 생소했지만 막상 선지를 보며 분석하니 내용 전체를 몰라도 시의 형식만 확인하면 풀 수 있는 문제였죠? 그럼 34번도 마저 확인해 봅시다.

기출 선지

① [A]: 청각의 시각화를 통해 음산한 시적 상황을 조성하고 있다.

> '검정 포대기 같은 까마귀 울음소리'는 공감각적 표현으로서 청각의 시각화가
> 나타났어요. 검정, 까마귀 등은 일반적으로 음산한 분위기를 조성합니다.

② [B]: 시대 상황과 대비되는 자연의 모습을 통해 생명력을 표현하고 있다.

> '그래도 계절만은'이라며 대비(대조)를 하고 있어요. 앞에는 음산한 시적 상황
> 이었지만, [B]는 '푸른 하늘엔 석류꽃 피 뱉은 듯 피어'에서 보듯 생명력이 느껴
> 지는 표현이 있어요. 만약 꽃이 지는 모습을 묘사했다면 생명력과는 거리가 멀
> 다고 볼 수 있죠.

③ [C]: 대구 형식을 활용하여 화자의 출생을 앞둔 집안의 분위기를 드러내고 있다.

> '대구 형식'은 짝을 이룬다는 거예요.
>
> 나를 잉태한 어머니는 / ~지니셨고
> 젊은 의원인 아버지는 / ~읽으셨다

④ [D]: 화자가 태어난 날의 상황을 구체적으로 서술하여 출생에 대
한 ~~감격을 드러내고 있다~~

> 선지의 앞은 맞다고 치더라도 감격이 드러난 부분이 전혀 없어요. 물론 일반적
> 으로는 아이가 태어나면 (조)부모가 감격하겠지만 [D]에는 이런 표현이 보이지
> 않고, 뒤에서 아이를 '욕된 후예'라고 표현하고 있어요. 따라서 정답!

⑤ [E]: 울음소리에서 연상되는 상반된 의미와 연결하여 화자의 이름이 지어진 이유를 제시하고 있다.

고고(아이가 태어나서 처음 우는 울음소리)와 곡성(사람이 죽어서 크게 우는 소리)은 의미가 상반되죠. 할머니는 고고에서 곡성을 연상했나봐요. 그래서 할머니가 오래 살라는 이유로 이름을 돌메라고 지었죠? 시와 모두 대응되는 내용이에요.

의외로 술술 풀리지 않나요? 작품 해석이 주관적일 수는 있어도 형식에 대한 판단은 객관적이고 정답이 있기 때문에 그래요. 출제자는 복수 정답 사태를 방지하기 위해 객관적 형식과 관련된 문제를 만들 수밖에 없어요. 그러니 작품 이해가 안 된다고 고민할 필요 없어요. 시험에는 우리가 풀 수 있는 문제만 출제될 가능성이 높아요.

처음 보는 현대시라도 지문과 선지 안에 답이 있어요.

세상에 나와 있는 현대시를 우리가 모두 공부할 수는 없을뿐더러 시는 해석하는 사람에 따라 의미가 다르게 전달되는 문학이에요. 그래서 시험에서는 시의 해석보다는 시의 형식을 묻는 문제가 많이 출제될 수밖에 없어요. 그러니 평소에 공부할 때는 다양한 현대시를 분석하고 형태를 따져보는 연습을 하는 게 좋아요. 실제 시험에서 처음 보는 시가 지문으로 나왔다고 해도 바로 분석을 할 수 있도록 말이에요.

02

현대시,
이해되는 만큼만 이해하자

2022학년도 수능에 EBS 연계도서의 비연계 작품으로 이육사의 「초가」가 나왔습니다. 가뜩이나 낯선 작품인데다가 생소한 단어가 많아서 언뜻 어렵게 느껴지는 작품이었어요. 하지만 실상은 어려우면 어려운 대로, 이해가 안 되면 안되는 대로 쭉쭉 읽어나가면 충분히 풀 수 있는 문제였답니다. 하지만 학생들은 처음 보는 작품에 당황해 오답이 꽤 나왔던 문제였죠. 이런 작품을 시험장에서 처음 만났을 때 어떻게, 어디까지 이해해야 하는지 직접 시범을 보여줄게요.

[일부 지문, 선지 생략]

구겨진 하늘은 묵은 애기책을 편 듯
돌담 울(?)이 고성같이 둘러싼 산기슭   ┐
박쥐 나래 밑에 황혼(?)이 묻혀 오면   [A]
초가 집집마다 호롱불(?)이 켜지고
고향을 그린 묵화(墨畫)(?) 한 폭 좀이 쳐(?). ┘

띄엄 띄엄 보이는 그림 조각은   ┐
앞밭에 보리밭에 말매나물(?) 캐러 간   [B]
가시내는 가시내와 종달새 소리에 반해   ┘

빈 바구니 차고 오긴 너무도 부끄러워
술레짠(?) 두 뺨 위에 모매꽃(?)이 피었고.

그넷줄에 비가 오면 풍년이 든다더니   ┐
앞내강에 씨레나무(?) 밀려 나리면
젊은이는 젊은이와 뗏목을 타고   [C]
돈 벌러 항구로 흘러간 몇 달에
서릿발 잎 져도 못 오면 바람이 분다.   ┘

피로 가꾼 이삭이 참새로 날아가고   ┐
곰처럼 어린 놈이 북극을 꿈꾸는데   [D]
늙은이는 늙은이와 싸우는 입김도   ┘

벽에 서려 성에 끼는 한겨울 밤은   ┐
동리(洞里)의 밀고자인 강물조차 얼붙는다.   [E]

                              – 이육사, 『초가』 –

19. 〈보기〉를 참고할 때, 이해로 적절하지 않은 것은?

〈보　기〉

이육사는 「초가」를 발표하면서 '유폐된 지역에서'라고 창작 장소를 밝혔다. 이곳에서 그는 오래전 떠나온 고향을 떠올려 시로 형상화했다. 계절의 흐름에 따라 낭만적인 봄에서 비극적인 겨울로 시상을 전개하여 악화되어 가는 일제 강점기의 현실을 묘사했다.

① [A] : 돌담 울에 둘러싸인 산기슭을 묘사하여 화자가 고향을 회상하는 장소의 분위기를 나타내고 있다.
② [B] : 봄날의 보리밭 풍경을 제시하여 화자가 떠올리는 고향의 모습을 형상화하고 있다.
③ [C] : 고향 사람들이 기대하던 앞내강 정경을 묘사하여 화자의 소망이 이루어진 상황을 나타내고 있다.
④ [D] : 풍족한 결실을 거두지 못한 상황에서 자신이 처한 현실 너머의 세계를 꿈꾸는 소년의 모습을 보여 주고 있다.
⑤ [E] : 강물이 얼어붙는 삭막한 겨울의 이미지로 일제 강점기의 가혹한 현실 상황을 드러내고 있다.　　　　　　　　　　　**정답** ③

22. 묵화와 북창을 중심으로 (가)와 (나)를 비교한 내용으로 가장 적절한 것은?

① (가)에서는 '묵화'와 '박쥐 나래'의 이미지를 연결하여 고향의 어두운 분위기를 드러낸다.
③ (가)에서 '묵화'에 '좀이 쳐'라고 한 것은 화자가 고향에 대해 느끼는 세월의 깊이를 드러낸다.
⑤ (가)에서는 '묵화'에 그려진 '모매꽃'에 부끄러움의 정서를 담아낸다.
　　　　　　　　　　　　　　　　　　　　　　　　　　　정답 ①

23. 〈보기〉를 참고하여 (가)~(다)를 감상한 내용으로 적절하지 않은 것은?

① (가)에서 저녁이 오는 시간을 그와 연관된 사물인 '호롱불'이 켜진다는 것으로 나타냄으로써, 산골 마을의 저녁 풍경을 시각적 이미지로 보여 주는군.
② (가)에서 고향에 머무르지 못하고 객지로 떠나는 현실을 '뗏목'을 타고 흘러가는 것과 연관 지어 나타냄으로써, 삶의 불안정함을 구체적 이미지로 보여 주는군.　　　　　　　　　　　　　　　　　　　　**정답** ④

여러분이 잘 모를 법한 단어 옆에 (?)표시를 해봤어요. 그런데 놀랍게도 이 표현들을 다 몰라도 문제풀 때 별 지장이 없어요. 먼저 19번 보기부터 볼까요? 고향을 떠올리는 시이고, 시 내용이 봄-여름-가을-겨울 순서로 전개될 것임을 알려주네요. 일제 강점기에 쓰여진 것을 알 수 있고요. 자, 어느 정도로 지문을 이해하고 사고의 흐름을 전개할지 같이 볼까요?

기술의 적용

기출 지문

구겨진 하늘은 묵은 얘기책을 편 듯
돌담 울(?)이 고성같이 둘러싼 산기슭

> 울? 앞의 '돌담'과 관련 있는 거겠지.

박쥐 나래 밑에 **황혼(?)**이 묻혀 오면

> 황혼? 박쥐 나래(날개)에 있는 거니 어두운 거겠지. 아래 행에서 불이 켜진다고 하는 것과 연관지어 보면 어두워진다는 뜻인가 봐.

초가 집집마다 **호롱불(?)**이 켜지고

> '호롱불'이 어떻게 생겼는지 모르겠지만, 어두워지니까 불을 켠다는 거겠지?

고향을 그린 묵화(墨畫)(?) 한 폭 좀이 쳐(?).

묵화? 수묵화(먹으로 그린 그림) 같은 건가? 어쨌든 고향을 그린 그림이구나.
'좀이 쳐'는 뭔지 모르겠지만, 〈보기〉에서 '오래전 떠나온 고향'이라고 했으니 오래
되었다는 것과 관련된 뜻인가?

띄엄 띄엄 보이는 그림 조각은
앞밭에 보리밭에 말매나물(?) 캐러 간

말매나물? 보리밭에서 자라는 나물인가 봐. 〈보기〉에서 봄부터 시작한다고 했으니,
2연은 봄일 거고, 그러면 봄나물 중 하나겠다.

가시내는 가시내와 종달새 소리에 반해
빈 바구니 차고 오긴 너무도 부끄러워
술레짠(?) 두 뺨 위에 모매꽃(?)이 피었고.

술레짠? 뭔지 전혀 모르겠다. 이런 단어는 나만 모르는 게 아니라 남들도 모를 테
니, 과감하게 넘어가자. 설마 이 단어 뜻을 묻는 문제가 나오겠어?
모매꽃? 그냥 꽃이겠지. 부끄러워서 두 뺨 위에 꽃이 피었다는 건, 부끄러울 때 두
뺨이 발그스레해지는 걸 비유적으로 나타낸 것 같네.

그넷줄에 비가 오면 풍년이 든다더니
앞내강에 씨레나무(?) 밀려 나리면

씨레나무? 그냥 나무겠지. 근데 강에 나무가 밀려 내려올 정도면
비가 와서 풍년이 든 게 아니라 오히려 큰 홍수가 나서 농사가 망한 상황이겠다!

젊은이는 젊은이와 뗏목을 타고

홍수가 났는데 뗏목을 타고 간다고? 너무 위험한 거 아닌가?

돈 벌러 항구로 흘러간 몇 달에
서릿발 잎 져도 못 오면 바람이 분다.

돈 벌러 갔는데 시간이 지나 겨울이 왔음에도 못 온대. 돈을 못 벌었다는 거겠지.

피로 가꾼 이삭이 참새로 날아가고

피땀 흘려서 농사를 지었는데, 참새가 다 먹었다는 말 같네.

곰처럼 어린 놈이 북극을 꿈꾸는데

어린애가 왜 북극을 꿈꾸지? 도무지 무슨 말인지 모르겠다. 넘어가자.

늙은이는 늙은이와 싸우는 입김도

젊은 사람들은 돈 벌러 가고 늙은이들이 남아서 싸우나 봐.

벽에 서려 성에 끼는 한겨울 밤은

아주 추운 한겨울 밤. 계절의 흐름 끝에 왔어.

동리(洞里)의 밀고자인 강물조차 얼붙는다.

동리의 밀고자는 누구에게 뭘 밀고한다는 건지 잘 모르겠다.
모르니까 그냥 건너뛰고. 하여튼 너무 추워서 강물이 얼어붙었네.

어때요? 천천히 읽어내려가면 이 정도는 이해 할 수 있을 거예요. 물론 '황혼'(해가 뉘엿뉘엿하여 어두워질 무렵), '좀'(작은 벌레) 같은 단어는 알고 있으면 좋았겠지만, 이런 단어를 모른다고 문제가 안 풀리도록 출제되지는 않아요. 그런 믿음을 갖고 과감하게 작품을 읽어 나갈 수 있어야 합니다. 그럼 이제 선지를 볼까요?

기출 선지

19. 〈보기〉를 참고할 때, 이해로 적절하지 <u>않은</u> 것은?

① [A] : 돌담 울에 둘러싸인 산기슭을 묘사하여 화자가 **고향을 회상하는 장소**의 분위기를 나타내고 있다.

> [A]에서 고향을 떠올리고 있으니 적절해요. 여기가 〈보기〉의 '유폐된 지역'이겠네요.

② [B] : 봄날의 보리밭 풍경을 제시하여 화자가 떠올리는 고향의 모습을 형상화하고 있다.

> [B]의 시간적 배경이 봄인 건 읽으며 추측했던 거고, 제시된 공간적 배경이 '보리밭'인 것도 명시되어 있었죠? 고향을 그린 묵화, 이것의 '그림 조각'은 당연히 '화자가 떠올리는 고향의 모습'을 형상화(구체화)한 것으로 볼 수 있으니 뒷부분도 적절합니다.

③ [C] : 고향 사람들이 기대하던 앞내강 정경을 묘사하여 화자의 소망이 ~~이루어진 상황~~을 나타내고 있다.

비가 너무 많이 와서 홍수 때문에 나무가 강에 떠내려오는 상황이에요. 이게 고향 사람들이 기대하던 정경일 리도 없고, 화자의 소망이 이루어진 상황일 리도 없죠. 따라서 정답은 ③이에요. 간단하죠?

④ [D] : 풍족한 결실을 거두지 못한 상황에서 자신이 처한 현실 너머의 세계를 꿈꾸는 소년의 모습을 보여 주고 있다.

농사가 잘 안 되어 '풍족한 결실을 거두지 못한 상황'입니다. 이때 소년(=어린 놈)이 생뚱맞게 북극을 꿈꿨는데, 선지를 보니 이를 '현실 너머의 세계를 꿈꾸는' 모습으로 좋게 포장해줄 수 있을 것 같기도 하네요.

⑤ [E] : 강물이 얼어붙는 삭막한 겨울의 이미지로 일제 강점기의 가혹한 현실 상황을 드러내고 있다.

이건 〈보기〉와 딱 대응이 되니 적절하죠?

22. 묵화와 북창을 중심으로 (가)와 (나)를 비교한 내용으로 가장 적절한 것은?

북창은 작품 (나)에 나온 건데, 지면 관계상 선지 중 (나)와 관련된 부분을 제외했어요. 제가 제시한 (가)에 국한해서 선지가 적절한지 판단해볼게요.

① (가)에서는 '묵화'와 '박쥐 나래'의 이미지를 연결하여 고향의 어두운 분위기를 드러낸다.

'묵화'가 먹으로 그린 그림이라면, '박쥐 나래(날개)'도 그렇고 다 어두운 색깔이죠? 그러니 고향의 '어두운 분위기'를 그려낸다는 설명은 받아들일 수 있을 것 같아요.

③ (가)에서 '묵화'에 '좀이 쳐'라고 한 것은 화자가 고향에 대해 느끼는 세월의 깊이를 드러낸다.

'묵화'에 '좀이 쳐'가 정확히 뭔지는 모르겠지만, 앞서 〈보기〉를 고려하면 '오래전 떠나온 고향'과 관련이 있었고, 이는 '고향에 대해 느끼는 세월의 깊이'와도 잘 어울려요. 다만 이 선지는 (나)에 대한 설명이 적절하지 않아서 오답이었어요.

⑤ (가)에서는 '묵화'에 그려진 '모매꽃'에 부끄러움의 정서를 담아낸다.

'너무도 부끄러워 ~ 두 뺨 위에 모매꽃이 피었고'라고 했으니, 부끄러움의 정서와 연결돼요. 다만 이 선지는 (나)에 대한 설명이 적절하지 않아서 오답이었어요.

23. 〈보기〉를 참고하여 (가)~(다)를 감상한 내용으로 적절하지 <u>않은</u> 것은? [3점]

① (가)에서 저녁이 오는 시간을 그와 연관된 사물인 '호롱불'이 켜진다는 것으로 나타냄으로써, 산골 마을의 저녁 풍경을 시각적 이미지로 보여 주는군.

22번의 ①과도 연결되죠? (가)의 1연은 저녁이 되어 산기슭 초가집에 호롱불이 켜지는 모습을 시각적으로 보여줬어요. 적절한 감상입니다.

② (가)에서 고향에 머무르지 못하고 객지로 떠나는 현실을 '뗏목'을 타고 흘러가는 것과 연관 지어 나타냄으로써, 삶의 불안정함을 구체적 이미지로 보여 주는군.

②는 홍수에 뗏목을 타고 가는 것은, '삶의 불안정함'을 이미지로 보여주는 것으로 볼 수 있어요.

지금까지 같이 시를 읽고 문제를 풀어보니 어떤가요? 이해가 안 되고 무슨 말인지 모르겠는 부분을 대충 넘겨도 문제 푸는 데 지장이 없었어요. 이해할 수 있는 부분 중심으로 흐름을 파악하면 충분해요. 그리고 문제의 선지를 보면서 '이게 그 말이었구나!', '이렇게 포장하니까 말이 되는 것 같네!' 하고 깨닫게 되는 경우도 있었고요. 그러니 낯선 작품을 만나도 쫄지(!) 마세요.

기술의 정리

이해가 안 된다고 당황하지 마세요. 이해할 수 있는 만큼만 하면 됩니다.

내가 이해가 안 가면 남들도 이해 못할 거예요. 그러니 과감하게 무시하고 넘어가세요. 대신 맥락을 고려하여 이해되는 부분을 추려나가며 읽으세요. 그래도 문제는 풀리게끔 설계됩니다. 오답은 사람에 따라 애매하게 느껴질 수도 있지만, 정답은 누가 봐도 명명백백하게 판단할 수 있게끔 나오니까요. 기억하세요. 수능 출제 문학은 이해할 수 있는 만큼만 이해해도 문제가 풀립니다! 정신력 싸움에서 흔들리지 마세요!

03
시인과 출제자의
관점이 같음을 잊지 말자

예전에 한 시인이 '내가 쓴 시가 수능에 출제되어 문제를 풀어봤는데, 나도 모두 틀렸다.'라고 인터뷰한 기사가 나서 떠들썩했던 적이 있어요. 이 기사를 보고 많은 사람들이 입시 위주의 문학 교육을 개탄했고, 그런 문제를 우리가 어떻게 맞히냐는 수험생들의 푸념도 이어졌었죠. 어떤 문제였는지 해당 부분만 살펴봅시다. 교육청에서 발표한 정답과 시인의 정답을 따로 표시했어요.

[일부 지문 생략]

> (다)
> 아마존 수족관 열대어들이 / 유리벽에 끼어 헤엄치는 여름밤 / 세검정
> 길, / 장어구이집 창문에서 연기가 나고 / 아스팔트에서 고무 탄내가 난
> 다. / 열난 기계들이 길을 끓이면서 / 질주하는 여름밤 / 상품들은 덩굴
> 져 자라나며 색색이 종이꽃을 피우고 있고 / 철근은 밀림, 간판은 열대
> 지만 / 아마존 강은 여기서 아득히 멀어 / 열대어들은 수족관 속에서 목
> 마르다. / 변기 같은 귓바퀴에 소음 부엉거리는 / 여름밤 / 열대어들에
> 게 시를 선물하니 / [ⓐ 노란 달이 아마존 강물 속에 향기롭게 출렁이고
> / 아마존 강변에 후리지아 꽃들이 만발했다.]
>
> — 최승호 〈아마존 수족관〉

24. 다음 설명 중 적절하지 않은 것은?

② 대립적 가치를 통해 주제를 강화하고 있다. (교육청 정답)

④ 부정적 현실에 대한 인식이 드러나 있다. (시인의 정답)

정답 ②

26. 다음의 해석에 대해 정약용이 ⓐ에 대해 할 수 있는 말은?

〈보 기〉

시인은 물고기에게 시를 선물하고 싶어한다. 그것은 시가 모든 존재의 영혼인 까닭이다. 수족관에 갇힌 열대어, 즉 물화된 인간도 그 자신 이미 상품으로 전락되어 있는 까닭에 영혼이 있을 수 없고, 따라서 그 잃어버린 영혼을 회복하기 위해서는 비유적으로 시가 있어야 한다고 시인은 생각했던 것이다.

① 시가 현실의 문제를 근본적으로 해결해 줄 수는 없는 노릇이니 어찌 만족할 수 있겠소. (교육청 정답)
② 황폐한 삶 속에서도 정신적인 가치를 잃지 않으려는 태도야말로 제가 추구하는 도입니다. (시인의 정답)

정답 ①

근데 좀 이상하지 않나요? 아무리 그래도 어떻게 자신이 직접 쓴 시에 대한 문제를 전부 틀릴 수 있을까요? 의문을 하나하나 풀어줄게요. 먼저 24번을 보면, 원래 문제는 다음과 같이 출제되었어요. 지면이 한정적이니 교육청과 시인의 정답 선지만 봅시다.

24. (가)~(다)에 대한 설명으로 적절하지 않은 것은?

② (가)와 (다)는 대립적 가치를 통해 주제를 강화하고 있다.
④ (가)~(다) 모두 부정적 현실에 대한 인식이 드러나 있다.

실제 시험 지문에는 (가), (나), (다) 이렇게 세 작품이 제시되었어요. (가)는 정약용의 「구우(久雨)」, (나)는 오장환의 「소야의 노래」였죠. 당시 교육청의 해설을 보면 "(다)에는 (중략) 물질과 정신이라는 이원적 가치의 대립이 시상 전개의 중심축이다. 그러나 (가)에는 가치의 대립이 드러나 있지 않다."라고 했어요. 즉, (다)만 놓고 봤을 때는 ②가 적절한 선지이지만 (가)가 해당되지 않기 때문에 종합적으로 ②가 적절하지 않은 선지가 된 거예요.

26번도 마찬가지예요. 26번의 원래 발문은 다음과 같았죠.

26. (다)의 ⓐ에 대한 〈보기〉의 해석을 고려할 때, (가)의 화자가 ⓐ에 대해 할 수 있는 말은?

발문을 보면 이 문제는 (다)에 대한 문제라기보다는 (가)인 정약용의 「구우(久雨)」에 대한 문제라고 할 수 있어요. (가)의 화자 입장에서 말하는 게 핵심인 문제이죠. 따라서 이 부분은 시인이 (가) 정약용의 구우(久雨)를 해석하는 데 오류가 있었던 것이지 자신의 시를 해석하는 데 오류가 있었다고 볼 수는 없어요. 아마 시인은 자신의 시를 기준으로 문제를 풀었을 거예요. 이건 수능 시험의 논리를 모르고 문제 풀이 스킬이 없었기 때문에 틀린 것이지 출제자의 해석이 틀렸다고 단정할 수 있는 건 아니에요.

이렇게 보면 시인 본인이 쓴 시에 대한 문제를 모두 틀렸다는 기사는 다소 과장된 기사라고 할 수 있어요. 그리고 사실 작가의 손을 떠난 순간 작품에 대한 해석은 독자의 몫이에요. 따라서 하나의 해석만이 옳다고 말할 수 없죠. 그러니 '어차피 나는 못 푸는 문제야.'라며 현대시 공부를 포기하지 마세요. 우리가 수능 시험 출제자의 해석을 기준으로 공부해야 하고 기출문제를 통한 문제 풀이 훈련을 계속 강조한 이유가 여기에 있어요.

문학은 '주관적' 해석이 필요하지만, 시험엔 '객관적' 해석이 출제될 수밖에 없어요.

작품을 있는 그대로 바라보며 누구나 동의할 수 있는 사실을 묻는 시험이 수능이죠. 이런 관점을 가지고 시험을 준비해야 짧은 기간에 점수를 올릴 수 있어요. 그러니 '시인도 자기 작품이 나온 문제를 다 틀린다는데 내가 틀리는 건 당연해!'라는 생각은 하지 말고 문제 풀이 스킬을 익힐 수 있도록 하세요. 수능 시험에서는 작품의 주관적인 해석은 잠시 넣어 두는 것이 좋답니다. 수능에는 문제 풀이 훈련을 열심히 한 학생들이라면 당연히 풀 수 있는 문제가 출제되거든요.

04

소설/극/희곡은
갈등, 인물, 시공간이 전부다

1. 갈등

진화 심리학 입문서인 『오래된 연장통』(사이언스북스, 전중환 저)에
서는 이야기의 존재 이유를 다음과 같이 설명하고 있습니다.

"이야기는 극 중 인물들이 살아가면서 어떤 어려움에 부딪히고 어
떻게 해결하는지 생생하게 재현함으로써 독자에게 유용한 가르침을
주게끔 설계된 적응이다. 즉, 이야기는 삶의 모형이다. 생존과 번식이
결판나는 치열한 전장으로 투입되기 전에 이러한 모의실험이 굳이 필
요한 까닭은 우리의 인생 항로가 그만큼 예측하기 힘들기 때문이다."

이에 따르면, 소설의 본질적 요소는 인물이 겪는 갈등(어려움)이에요. 그리고 이 갈등이 소설을 재미있게 만듭니다. 영화를 보는데, 두 시간 동안 등장인물이 아무런 갈등도 없이 평화롭고 행복하게만 지낸다면 그게 무슨 재미겠어요. 슈퍼 히어로 영화가 재미있는 것은 이에 맞먹는 강력한 상대와의 첨예한 대립 덕분입니다.

다음은 故박완서 선생님의 소설을 연구한 『소설 창작의 갈등 구조 연구』(새미, 이은하 저)의 목차 일부입니다. 목차만 봐도 선생님의 작품이 대부분 갈등을 주제로 하고 있음을 알 수 있어요.

따라서 소설을 읽을 때는 어떤 갈등이 나와 있는지, 또 이 갈등이 어떻게 해결되는지를 중심으로 읽어야 합니다. 이게 소설의 핵심이기 때문에, 출제자도 반드시 갈등에 대해 직간접적으로 묻습니다. 처음부터 갈등에 주목하면서 읽어나가면, 문제를 빠르고 정확하게 풀 수 있어요. 그동안 출제되었던 소설 문제 중에 갈등에 대해 묻는 질문만을 보여줄게요.

2022학년도 수능

24. [A]의 서술상 특징으로 가장 적절한 것은?
⑤ 상대를 달리하여 벌이는 인물의 행동을 서술하여 점진적으로 심화되는 갈등을 묘사하고 있다.

30. [A]와 [B]에 대한 설명으로 가장 적절한 것은?
④ [A]에서 제원들 간의 갈등으로 인한 태보의 심리적 상처는, [B]에서 가족과의 만남을 통해 해소된다.

2022학년도 9월 모의평가

25. (나)의 인물에 대한 설명으로 가장 적절한 것은?
④ S#25에서 '해순'과 '순임'은 성황당에 모인 다른 아낙들과 갈등 관계를 형성한다.

2022학년도 6월 모의평가

18. [A]의 서술상 특징으로 가장 적절한 것은?
⑤ 이야기 외부의 서술자가 인물의 내면을 묘사하여 인물 간의 갈등이 지속되고 있음을 서술하고 있다.

2021학년도 수능

22. [A]와 [B]의 서술상 특징에 대한 설명으로 가장 적절한 것은?
③ [A]는 공간 이동에 따라 일어나는 사건을 통해, [B]는 공간에 대한 묘사
   를 통해 인물들의 외적 갈등을 심화하고 있다.
④ [A]는 인물 간의 대화를 삽입하여, [B]는 인물들의 반복되는 행동을 제
   시하여 갈등 해소 과정을 보여 주고 있다.

2021학년도 대학수학능력시험 9월 모의평가

18. '요구 조건'을 중심으로 윗글을 이해한 내용으로 적절하지 않은 것은?
④ '요구 조건'의 수락 여부를 둘러싸고 빚어진 '안승학'과 '다섯 사람' 간의
   갈등 양상이 긴장된 분위기를 자아내고 있다.

31. ㉠에 대한 이해로 적절하지 않은 것은?
⑤ '심봉사'가 ㉠을 듣고 한 말에서, ㉠이 '심청'과 '심봉사' 사이의 갈등을
   해소하는 단초가 됨을 알 수 있다.

거의 모든 시험에서 갈등에 대해 묻는 문제가 출제되는 것을 볼 수
있어요. 따라서 작품의 갈등 구조에 집중한다면 쉽게 정답을 고르고
넘어갈 수 있을 거예요.

2. 인물

이야기의 핵심인 갈등은 인물의 말이나 행동, 인물 간 관계를 통해
드러납니다. 영화나 드라마를 보는 경우에는 인물들의 성별, 얼굴, 목
소리, 체형 등을 통해 자연스럽게 구분이 되고, 또 인물 관계도를 머
릿속에 그리는 것도 쉽습니다.

하지만 시험장에서 소설 지문을 읽으며 이렇게 정리하는 것은 어려울 수 있습니다. 따라서 무조건 인물관계도를 시험지 여백에 그리세요. 지문을 이해하는 데도 도움이 되고 문제 풀이에도 큰 도움이 됩니다. 인물 관계는 '앞부분 줄거리', 〈보기〉 등에 제시될 때가 많으니 이 부분을 집중적으로 읽고 시작하면 유리하겠죠?

그리고 지문을 읽을 때는 같은 사람을 다르게 부르는 경우에 특별히 신경써야 해요. 안 그러면 나중에 누가 누군지 헷갈려서 이야기가 무슨 말인지 모르게 돼요. 제 개인적인 이야기를 해보자면, 도스토옙스키의 『죄와 벌』을 읽을 때 친절하게도 책 앞에 주요 등장인물 소개가 있더라고요? 근데 좀 이상했어요. 가뜩이나 이름이 길고 낯선데, 바꿔서 부를 수 있는 이름이 괄호에 두세 개씩 있었거든요. 이런 걸 신경 쓰지 않고 소설을 읽어나갔더니 나중에는 무슨 말인지 하나도 모르겠더라고요.

러시아 소설만큼은 아니지만, 고전소설에도 동일인물을 다르게 표현하는 경우가 많아서 중심 인물들에 한해 구분지어 가며 표시하는 것도 한 방법입니다. 2022학년도 수능 문제를 볼까요? 지면 관계 상 문제와 보기만 볼게요.

2022학년도 수능

> **27.** 〈보기〉를 바탕으로 윗글을 감상한 내용으로 적절하지 <u>않은</u> 것은?
>
> ─────〈 보   기 〉─────
>
> 소시민은 자신의 기득권을 지키기 위해 권력관계에 민감하게 반응한다. 권력관계가 형성되기 위해서는 타인의 승인이 요구되며, 이로 인해 힘의 우열 관계가 발생한다. 이 작품은 허구적 권력 표지를 통해 타인의 승인을 얻음으로써 자신감을 갖게 된 인물이, 승인을 거부하는 타인 앞에서는 소시민적 면모를 드러내는 상황을 그려낸다. 이를 통해 상황 논리를 따르는 소시민의 타산적 태도를 비판하고 있다.
>
> **31.** 〈보기〉를 참고하여 윗글을 감상한 내용으로 적절하지 <u>않은</u> 것은?
>
> ─────〈 보   기 〉─────
>
> 「박태보전」은 숙종 대의 실존 인물 박태보의 삶을 소설화한 작품이다. 이 작품에서 박태보는 임금의 부당함으로 드러나는 부도덕한 세계와의 대결에서 패배하여 숭고한 뜻을 이루지 못한다. 그럼에도 그는 가족과 국가에 윤리적 책무를 다하는 인물로 인정받음으로써 도덕적 영웅으로 고양된다. 이때 다양한 서사 장치들은 사건의 입체적 전개에 기여한다.

3. 시공간

출제자는 인물이 활동하는 배경인 '시공간'을 노골적으로 묻는 경우가 꽤 많습니다. 특히 공간에 대한 관심은 특별해요. 아예 문제 전체가 공간을 묻는 경우가 꽤 있었어요. 아래 문제를 볼까요?

29. 윗글에 제시된 공간에 대한 설명으로 적절하지 않은 것은?

① '금부'는 임금이 권위를 실현하는 공간이고, '한곳'은 임금이 권위를 내세우는 공간이다.

② '진도'는 임금에게 정배받은 태보가 향해야 하는 곳이고, '외관'은 임금에게 내쳐진 민 중전이 거처해야 하는 곳이다.

③ '이화촌'은 부인이 시부모에게 직접 문안하는 곳이자 태보가 하인을 보내 부모에게 문안하는 곳이다.

④ '과천'은 태보가 '진도'로 가는 경유지이자, 태보의 소식을 받은 대감이 '이화촌'을 떠나 향하는 지점이다.

⑤ '심산궁곡'은 '성내성외'와 대비되어 임금을 피하려는 백성의 마음이 투영된 공간이다.

27. 〈보기〉를 바탕으로 (가)~(다)를 감상한 내용으로 적절하지 않은 것은?

〈보 기〉

문학 작품에서 공간에 대한 인식을 형상화하는 방식은 다양하다. 공간에 대한 인식을 직접적으로 드러내는 표현을 사용하거나, 공간 내 특정 대상의 속성으로써 그 대상이 포함된 공간 전체를 표상하기도 한다. 또한 이러한 인식은 공간 간의 관계를 통해 표현되기도 한다. 이때 관계를 이루는 공간에는 작품에 명시된 공간은 물론 그 이면에 전제된 공간도 포함된다.

45. 〈보기〉를 참고하여 (가)와 (나)를 이해한 내용으로 적절하지 않은 것은?

〈보 기〉

이용악과 이시영의 시 세계에서 고향은 창작의 원천이 되는 공간이다. 이용악의 시에서 고향은 척박한 국경 지역이지만 언젠가 돌아가야 할 근원적 공간으로 그려지는데, (가)에서는 가족이 기다리는 궁벽한 산촌으로 구체화된다. 이시영의 시에서 고향은 지금은 상실했지만 기억 속에서 계속 되살아나는 공간으로 그려지는데, (나)에서는 이웃들과 함께했던 삶의 터전이자 생명이 살아 숨 쉬는 평화로운 농촌으로 구체화된다.

35. '장 씨'를 중심으로 ㉠과 ㉡을 이해한 내용으로 가장 적절한 것은?
① ㉠은 학문을 연마하는 공간이고, ㉡은 덕행을 닦는 공간이다.
② ㉠은 불신을 드러내는 공간이고, ㉡은 조소를 당하는 공간이다.
③ ㉠은 한탄을 드러내는 공간이고, ㉡은 애정을 확인하는 공간이다.
④ ㉠은 계책을 꾸미는 공간이고, ㉡은 외로움을 인내하는 공간이다.
⑤ ㉠은 선후 시비를 따지는 공간이고, ㉡은 오해를 해소하는 공간이다.

시간과 공간에 대해 묻는 문제도 꽤 많이 출제되는 것을 알 수 있죠? 그럼 2020학년도 기출 지문을 분석하여 어떻게 적용해 볼 수 있는지 보여줄게요. 작자 미상의 「유씨삼대록」의 일부예요.

기술의 적용

기출 지문

[일부 지문 생략]

[앞부분의 줄거리] 아들 유세기가 부모의 허락 없이 백공과 혼사를 결정했다고 여긴 선생은 유세기를 집에서 내쫓는다.

인물 관계가 대략 나왔어. 집중해서 읽어야겠지? '선생'이 유세기 아버지인가 봐. 근데 '결정했다'가 아니라 '결정했다고 여긴'이라고 하는 것으로 봐서 오해일 뿐 실제로는 혼사를 결정한 게 아닐 수도 있겠다!

백공이 왈,

"혼인은 좋은 일이라 서로 헤아려 잘 생각할 것이니 어찌 이 같이 좋지 않은 일이 일어나는가? 내가 한림의 재모를 아껴 이같이 기별해 사위를 삼고자 하였더니

> 백공은 유세기의 장인 될 분이구나? '한림'의 재모(재주와 외모)를 아껴 사위를 삼고자 했으니, [한림=유세기]임을 알 수 있어. '이같이 좋지 않은 일'은 유세기가 집에서 쫓겨난 것을 가리키네. 일단 지금까지 파악된 인물 관계도는 다음과 같아.
>
> ```
> 선생      백공
>  |        |
> 유세기 ― 딸
> (한림)
> ```

선생 형제는 도학군자라 예가 아닌 것을 문책하시는도다. 내가 마땅히 곡절을 말하리라."

> '선생 형제'라고 하면, 유세기 아버지뿐만 아니라 친척까지 동원된 거네.
> 하여튼 유세기가 쫓겨난 것(=문책=잘못을 캐묻고 꾸짖음)에 대해 백공이 직접 사정을 설명하겠대.

이에 백공이 유씨 집안에 이르러 선생 형제를 보고 인사를 하고나서 흔쾌히 웃으며 가로되,

> 공간은 '유씨 집안'이구나.

"제가 두 형과 더불어 죽마고우로 절친하고

> 백공과 선생 형제가 어렸을 때부터 친했네.

또 아드님의 특출함을 아껴 제 딸의 배필로 삼고자 하여, 어제 세기를 보고 여차여차하니 아드님이 단호하게 말하고 돌아가더이다.

헐, 유세기는 백공과 혼사를 결정한 일이 없었네?!

제가 더욱 흠모하여 염치를 잊고 거짓말로 일을 꾸며 구혼하면서 '정약'이라는 글자 둘을 더 했으니 이는 진실로 저의 희롱함이외다. 두 형께서 과도히 곧이듣고 아드님을 엄히 꾸짖으셨다 하니, 혼사에 도리어 훼방이 되었으므로 어찌 우습지 않으리까? 원컨대 두 형은 아드님을 용서하여 아드님이 저를 원망하게 하지 마오."

백공이 잘못했네. 오해가 풀렸으니 유세기와 아버지의 갈등이 해소되겠다!

선생과 승상이 바야흐로 아들의 죄가 없는 줄을 알고 기뻐하면서 사례하여 왈,
"저희 자식이 분에 넘치게 공의 극진한 대우를 받으니 마땅히 그 후의를 받들 만하되, 이는 선조로부터 대대로 내려오는 가법이 아니기에 감히 재취를 허락하지 못하였소이다. 저희 자식이 방자함이 있나 통탄하였더니 그간 곡절이 이렇듯 있었소이다."

가법(집안의 법도)상 재취(다시 장가가서 아내를 맞이함)를 허락하지 못해서 집에서 내쫓았던 거구나. 이렇게 갈등은 해소됐어!

백공이 화답하고 이윽고 돌아가서 다시 혼삿말을 이르지 못하고 딸을 다른 데로 시집보냈다. 선생이 백공을 돌려보낸 후에 한림을 불러 앞으로 더욱 행실을 닦을 것을 훈계하자 한림이 절을 하면서 명령을 받들었다. 차후 더욱 예를 삼가고 배우기를 힘써 학문과 도덕이 날로 숙연하고, 소 소저와 더불어 백수해로 하면서 여덟 아들, 두 딸을 두고, 집안에 한 명의 첩도 없이 부부 인생 희로를 요동함이 없더라.

아, 소 소저가 한림의 부인이구나. 그러면 인물관계도를 다음과 같이 수정해야겠다.

유세기 ― 소 소저
(한림)

33. 이같이 좋지 않은 일에 대한 이해로 적절하지 <u>않은</u> 것은?

③ 선생과 승상 사이에서 의견 대립이 심화된 일이다.

갈등과 인물, 시공간을 중심으로 분석하니 바로 정답이 보이네. 선생과 승상 사이의 갈등은 없었어. 정답은 ③이다!

36. 〈보기〉를 참고하여 윗글을 감상한 내용으로 적절하지 <u>않은</u> 것은?

―〈보 기〉―

「유씨삼대록」은 유씨 3대 인물들의 이야기들을 연결한 국문 장편 가문 소설이다. 각 이야기는 그 자체로 완결성을 갖추고 있어 독립적이지만, 혼사나 그로부터 파생된 각각의 갈등이 동일한 가문 내에서 전개된다는 점에서 연결된다. 이러한 갈등은 가법이나 인물의 성격에서 유발된다. 가문의 구성원들은 혼사를 둘러싼 갈등이 가문의 안정과 번영을 저해한다고 여겼기에, 가문 차원에서 이를 해결해 간다.

③ 유세기가 혼사와 관련한 곤욕을 치른 것을 보니, 가법과 인물의 성격 간의 대립이 갈등의 원인임을 알 수 있군.

천천히 읽어보니 〈보기〉의 표현을 가지고 말장난을 한 것에 불과하네.
'갈등은 가법이나 인물의 성격에서 유발된다는 것'과 '가법과 인물의 성격 간에 대립(갈등)이 있다'는 건 완전히 다른 뜻이야. 그리고 지문에도 가법과 인물 성격 간의 대립은 없고, 아들이 가법에 어긋나는 행동을 했다고 오해한 아버지가 일방적으로 화를 냈을 뿐이니 정답이다!

문학은 갈등, 인물, 시공간을 중심으로 읽으면 답이 보여요.

인물 관계도 그리기, 인물들이 겪거나 만드는 갈등 파악하기, 인물이 있는 공간의 의미 생각해 보기. 이 세 가지는 지문을 쉽게 이해하는 방법이기도 하고, 문제를 빠르고 정확하게 푸는 방법이기도 해요. 덧붙여서 문학 작품의 장르별 특성을 정리해두세요. 서술자를 전제로 창작된 소설, 무대 상연을 전제로 창작된 희곡, 카메라 촬영을 전제로 창작된 시나리오의 특성까지 기출문제를 통해 정리하고 나면 시험장에서 문학이 어려울 일은 없을 거예요!

05
고전시가만큼
효자 영역은 없다

    고전시가를 처음 공부하는 학생들은 작품 속 낯선 고어 때문에 고전시가가 너무 어렵고 재미없다고 하는 경우가 많아요. 영어 문제를 풀다가도 모르는 단어가 여러 개 튀어나오면 답답한데 어찌 보면 당연하죠.

    그런데 저는 상위권 학생 중 고전시가가 어렵다고 하는 학생은 거의 못 봤어요. 왜냐하면 공부량이 좀 쌓이고 나면 가장 쉬운 영역이 바로 고전시가거든요. 새로운 작품이 추가되는 것도 아니어서 작품 수도 한정되어 있고, 자세하게 설명된 참고서를 한두 번 돌리면서 공부하면 되니까요.

    아마 공부하고 나면 시험장에서 고전시가가 오히려 반가울 거예요.

다 아는 작품이라서 마음도 편안해지고, 여기서 시간을 절약하고 어렵고 긴 지문에 시간을 더 쏟을 수 있거든요. 그렇다면, 결론은 하나죠. 어렵고, 짜증이 나고, 하기 싫지만 정면 돌파해서 정확하게 정리해 놓아 '좌절의 장벽'을 뛰어넘어야 해요.

처음 낯선 옛날 말을 공부하며 익히는 기간 동안은 어렵고 지루하기만 할 거예요. 그렇다고 포기할 수는 없죠. 일단은 고전시가에 필수로 나오는 몇 가지 어휘들을 정리하는 것으로 시작하세요. 제가 여러분들을 위해 자주 나오는 필수 어휘를 준비했어요. 꼭 나오는 어휘들을 먼저 공부하고, EBS 연계교재 등을 통해 익숙한 작품을 늘려나가다 보면, 어느덧 '옛날 사람들이 이런 생각을 이렇게 표현했구나.' 하며 고전시가도 나름 즐길 수 있을 거예요. 자세한 설명은 제 유튜브에도 있으니 함께 들어보세요.

고전시가의 대원칙! 소리 내서 읽어보면 돼요. 눈으로 봐서 잘 모르는 것도 소리 내서 읽어보면 그 뜻이 와닿아요. 이와 관련해서 참고할 만한 사례가 한국인만 이해할 수 있는 숙박 후기입니다. 아마 여러분도 본 적 있을 거예요.

> 여기 정말 좋습니다! 한꾹인뜰만아라뽈쑤잇꼐뚜겠뜹니따. 홤좜쉴너뮤떠 뤄워욤.

재미있지 않나요? 아마 번역기는 '여기 정말 좋습니다!'만 번역해주고, 뒷부분은 번역을 할 수 없을 거예요. 하지만 한국인은 소리 내 읽어보면 바로 '한국인들만 알아볼 수 있게 쓰겠습니다. 화장실 너무 더러워요'라고 이해할 수 있죠.

고전도 이런 식입니다. 눈으로 봐서는 잘 모르겠지만 일단 소리 내서 입으로 읽고 그 소리를 다시 인지해보면 '이게 이런 뜻이겠구나' 하는 것들이 많습니다. 이런 전제 하에 자주 나오는 주요 고전 어휘들을 정리해 볼게요.

1. 부모님 몰쑴을 들으니 ᄆᆞᆷ이 ᄋᆞ프다.

아래 아(ㆍ)가 첫 글자(음절)에 있으면 'ㅏ'로, 둘째 글자(음절) 이후에는 'ㅡ'로 읽습니다.

따라서 "부모님 말씀을 들으니 마음이 아프다."라고 읽으면 됩니다. 잘 이해했다면 다음 사례도 쉽게 이해될 겁니다.

1) ᄃᆞᆯ님 : 달님, 즉 달을 의인화하여 높여 부르는 말입니다.
2) 하ᄂᆞ님 : 하느님. 즉, 하늘을 의인화하여 높여 부르는 말입니다.

'하늘(하늘)+님'에서 ㄹ이 탈락하며 '하느님'이 됐습니다.
'아들+님'에서 ㄹ이 탈락하여 '아드님'이 되는 것과 같은 원리입니다.

2. 뎌기 가는 뎌 여자 분, 텬상에서 내려온 선녀 같다.

  2번은 구개음화에 대한 건데, 정확한 문법적 원리를 모르더라도 소리 내어 읽어보면 다 뜻이 통해요.

  "저기 가는 저 여자분, 천상(하늘 위)에서 내려온 선녀 같다."

  이렇게 ㄷ이 ㅈ으로 읽히는 원리는 구개음화와 관련이 있어요.

> 구개음화 : 받침 'ㄷ, ㅌ(ㄾ)'이 조사나 접미사의 모음 'ㅣ'(반모음* [j]로 실
>   현되는 경우 포함)와 결합되는 경우, ㅈ, ㅊ으로 바뀌는 현상
> * 반모음 'ㅣ' : ㅏ, ㅓ, ㅗ, ㅜ와 결합하여
>   이중 모음 'ㅑ, ㅕ, ㅛ, ㅠ'를 만드는 소리

3. 60년 전 니별한 그 녀자를 로인정에서 만났다.

  3번은 '두음법칙'에 대한 겁니다. 현대 국어와 달리 중세 국어는 두음법칙이 적용되지 않습니다. 그래서 소리 내어 읽어보면 "60십 년 전 이별한 그 여자를 노인정에서 만났다."가 되죠.

4. 죠흔 침대에서 자니 기분이 참 됴타.

  문장 끝의 '됴타'는 발음해보니 '좋다'는 뜻 같죠? 구개음화와 관련이 있습니다. 그런데 문장 앞의 '죠흔'은 '좋은'이 아니라 '깨끗한'이라는 뜻입니다. 고전문학에서 '됴타', '좋다'를 만나면 깨끗하다로 해석하면 됩니다. 헷갈리기 쉬우니 잘 암기해두세요.

5. 녀름에 열심히 밭에서 일 ᄒᆞ니 가을에 여름이 하다.

'녀름'은 발음해보면 '여름'(summer)이라고 이해할 수 있죠? 'ᄒᆞ니'는 '하니'(do)로 읽으면 되고요. 그런데 '여름'은 여름이 아니고, '하다'는 '하다'가 아닙니다. '여름'은 '열매', '하다'는 '많다'는 뜻입니다. 헷갈리기 쉬우니 잘 구분해서 기억해두세요.

6. 곶 파는 곧이 어딘가요?

발음해보면 "꽃 파는 곳이 어딘가요?"가 되죠? 받침이 ㅈ일 때는 '꽃', ㄷ일 때는 '곳'이에요.

7. 내가 어려서 처지가 어엿브게 되었구나.

'어려서'는 '나이가 적어서'라는 뜻이 아니라 '어리석어서'라는 뜻입니다. '어엿브게'는 '어여쁘다(예쁘다)'라는 뜻이 아니라 '불쌍하게'라는 뜻이고요. 지금과는 전혀 다른 뜻이네요.

8. 괴는 아내의 얼굴이 멀리서 보인다. 웃는 ᄂᆞᆺ이다.

'괴는'은 '사랑하는'이라는 뜻입니다. '얼굴'은 예전에는 '모습'을 뜻했는데, 지금은 의미가 축소된 것이지요. 'ᄂᆞᆺ'은 '낯'(얼굴)이라는 뜻이고요.

9. 어론 님 오신 날 밤이여든 구뷔구뷔 펴리라.

'어론'은 '얼다', '얼우다'가 활용된 것인데, 육체적으로 사랑하는 것을 가리킵니다. 참고로 '어른'이 '얼다'에서 온 표현이라는 설도 있어요.

10. 고텨 혜니, 고양이랑 나랑 이슷하다.

'고텨'(고쳐)는 '다시'라는 뜻이에요. "이 몸이 죽고 죽어 일백 번 고쳐 죽어"는 죽어서 망가진 것을 수리해서 다시 죽는 것이 아니라, 그냥 여러 번 다시 죽는다는 겁니다. ㅎㅎ

그리고 '혜니'는 '혜다'에서 온 표현인데, '생각하다'라는 뜻입니다. '이슷하다'는 비슷하다는 뜻이고요.

11. 괴던 잔나비가 싀어디어서 우러곰 잠들었다.

앞에서 '괴다'가 '사랑하다'라는 뜻인 것 배웠죠? '잔나비'는 나비가 아니라 원숭이입니다. 고전문학에 "잔나비 휘파람 불제 뉘우친달 엇더리"(원숭이가 휘파람 불 때 뉘우친들 어떠리)라는 표현이 있는데, 나비가 휘파람을 불 수는 없겠죠? 원숭이가 휘파람을 부는 겁니다.

참고로 '잔나비'는 원래 '잰납이'였대요. '잰'은 '재빠르다'라는 뜻이에요. '잰걸음'이라고 하면 보폭이 짧고 빠른 걸음을 뜻하죠? '납'은 원숭이를 가리키는 옛말이고요.

'싀어디어'는 '죽어'라는 뜻이고, '곰'은 앞말을 강조하는 기능을 합니다. 즉, '우러울어곰'은 '울어 울어', '울며 울며' 잠들었다는 뜻입니다. 그렇다면 「정읍사」의 첫 행인 '둘아 노피곰 도드샤'는 '달아, 높이 높이 도드시어'로 이해할 수 있죠?

12. 뫼가 머흘었지만 아내는 수이 울랐다.

'뫼'는 '산(山)'의 순우리말입니다. 의미가 같거나 비슷한 유의어나 동의어는 시간이 지남에 따라 경쟁을 통해 어느 하나가 도태되거나, 의미가 다르게 변합니다. '뫼'는 도태되어 요즘은 잘 안 쓰는 단어가 되었습니다.

'머흘다'는 '험하고 사납다', '수이'는 '쉬'(쉽게)라는 뜻입니다.

13. 져근덧 자고 나니 머리가 까치집 다호라.

'져근덧'은 '잠깐', '다호라'는 '같구나'라는 뜻입니다.

14. 모쳐라 실솔(귓도리) 있어서 구워 먹었는데 맛이 헌사하다.

'모쳐라'는 '마침', '실솔(귓도리)'은 귀뚜라미, '헌사하다'는 '대단하다'라는 뜻입니다.

15. 친구가 재미있는 책은 없다고 벼기길래, '국어 공부의 기술'은 재미있다고 닐러 주었다.

'벼기길래'는 '우기길래', '닐러'는 '일러(말해)'라는 뜻입니다.

16. 버혀진 적들의 머리가 그가 녀던 길 우희 가득했다.

'버혀진'은 '베어진', '베인', '녀던'은 '가던', '우희'는 '위에'라는 뜻입니다. 맥락에 따라 '우희'는 '전에'를 뜻할 수도 있습니다.

참고로 '녀다'는 '가다' go라는 뜻 외에 '살다'라는 뜻도 있습니다. "님과 함께 녀고 싶다."에서 '녀다'는 '살다'라는 뜻입니다. 역시 맥락에 따라 판단하면 됩니다.

17. 널라와(너도곤) 내가 바이올린을 잘 켠다.

'널라와(너도곤)'는 '너보다'라는 뜻입니다.

18. 그는 벽에 빗기 서서 가이없는 고민을 하고 있었다.

'빗기'는 '비스듬히', '가이없는'은 현대국어에서 '가없다'로 쓰는데, '끝없다'는 뜻입니다.

19. 아치고절=빙자옥질=매화, 오상고절=국화, 세한고절=대나무

여기 제시된 단어는 전부 '굳은 절개'를 상징하는 단어들이에요.

20. 속세=홍진=풍진=사바=인간=인세=하계 ↔ 강호=무릉=물외=청풍명월

　왼쪽은 인간 세계를 뜻하는 단어들이고, 오른쪽은 이와 대조되는 자연을 뜻하는 단어들이에요.

　자, 과연 이 단어들만 알아도 문제를 풀 수 있는지 실제 문제를 살짝 살펴볼까요?

기출문제 | 2019학년도 수능 국어영역 43번　　　　전체 지문 보기 ▶

[일부 지문 생략]

> 배 방에 누워 있어 내 신세를 생각하니
> 가뜩이 심란한데 대풍(大風)이 일어나서
> 태산(泰山) 같은 성난 물결 천지에 자욱하니
> 크나큰 만곡주가 나뭇잎 불리이듯
> 하늘에 올랐다가 지함(地陷)*에 내려지니
> 열두 발 쌍돛대는 차아*처럼 굽어 있고
> 쉰두 폭 초석(草席) 돛은 반달처럼 배불렀네
> 굵은 우레 잔 벼락은 등[背] 아래서 진동하고
> 성난 고래 동(動)한 용(龍)은 물속에서 희롱하니
> 방 속의 요강 타구(唾具) 자빠지고 엎어지며
> 상하좌우 배 방 널은 잎잎이 우는구나
> [이하 생략]
> * 지함: 땅이 움푹하게 주저앉은 곳.
> * 차아: 줄기에서 벋어 나간 곁가지.

43. 윗글에 대한 설명으로 적절하지 <u>않은</u> 것은?

① 동물의 역동성을 통해 공간의 분위기를 긍정적으로 바꾸고 있다.

② 거대한 자연물에 비유하여 악화된 기상 상황을 표현하고 있다.

③ 식물의 연약한 속성을 활용하여 화자의 위태로운 상황을 드러내고 있다.

④ 상승과 하강의 이미지를 대비하여 목전에 닥친 위기감을 강조하고 있다.

⑤ 인물의 행동을 시간의 흐름에 따라 열거하여 상황을 구체적으로 보여주고 있다.

정답 ①

김인겸의 「일동장유가」가 출제되었어요. 이 작품이 교과서에는 원문 그대로 소개되고 있고, 원문으로 배우고 있답니다.

> 비방의 누어 이셔 내 신셰를 싱각ᄒ니, ᄀ득이 심난흔ᄃᆡ 대풍이 니러나니, 태산 ᄀᆺᄐᆫ 셩낸 믈결 텬디의 ᄌ옥ᄒ니, 큰나큰 만곡쥐(萬斛舟ㅣ) 나모닙 브치이ᄃᆺ, 하ᄂᆯ의 올라다가 디함(地陷)의 ᄂᆞ려지니, 열두 발 빵돛대ᄂᆞ 지이텨로 구버 잇고, 쉰 두 폭 초셕 돗츤 반돌쳐로 빅블럿ᄂᆡ. 굵은 우레 즌 별악은 등 아래셔 딘동ᄒ고, 셩낸 고래 동흔 농은 믈 속의셔 희롱ᄒᄂᆡ. 방 속의 요강 타구 잣바지고 업더지고, 샹하 좌우 비방 널은 닙닙히 우ᄂᆞᆫ구나.
> [이하 생략]

어때요? 교과서보다 수능 지문이 비교적 읽기 쉽지 않나요? 출제자가 현대어로 표현을 다듬었고, 어려운 단어 '지함', '차아'는 각주로 뜻풀이까지 줬어요. 그런데 이런 친절함은 사실 별 쓸모가 없어요. 실제 시험장에서 차근차근 읽고 풀 시간이 없거든요. 고전시가는 시간을 아끼는 영역이 되어야 해요. 그래서 평소에는 원문으로 공부하며 현대어 해석에 익숙해지도록 꾸준히 반복 복습해야 하죠. 최종적으로는 시험장에서 현대어로 해석된 지문을 만났더라도 작품 제목만 읽고 바로 문제로 달려가는 게 가장 이상적인 과정입니다. 만약 그렇게까지는 못하더라도 빠르게 현대어 해석을 읽으면서 이를 힌트 삼아 이전에 작품을 공부한 경험을 떠올릴 수는 있어야 한답니다.

만약 지문을 읽지 않고 선지를 하나 찍으라고 한다면 여러분은 몇 번을 선택할 건가요? ①번이 혼자 딴소리하는 것 같지 않아요?

① 동물의 역동성을 통해 공간의 분위기를 긍정적으로 바꾸고 있다.

② 거대한 자연물에 비유하여 악화된 기상 상황을 표현하고 있다.
③ 식물의 연약한 속성을 활용하여 화자의 위태로운 상황을 드러내고 있다.
④ 상승과 하강의 이미지를 대비하여 목전에 닥친 위기감을 강조하고 있다.

실제로 지문에서도 '동물의 역동성'이 나타난 부분은 "성난 고래 동(動)한 용(龍)은 물속에서 희롱하니"인데, 맥락을 보면 큰 바람에 물결이 태산처럼 치는 상황을 비유적으로 나타낸 것일 뿐이에요. 공간의 분위기가 위태로운 상황임을 전달할 뿐, 긍정적으로 전환되지는 않죠. 「일동장유가」를 몰랐다고 하더라도 빠르게 풀고 넘어갈 수 있는 문제였어요. 또한 고전시가는 EBS 연계교재의 수록 작품 내에서 나오는 경우가 많기 때문에 수능을 위한 공부로 한정한다면 그렇게 부담이 많은 영역은 아니랍니다.

고전시가는 공부할 땐 힘들어도 시험 볼 때 은혜를 갚을 거예요.

너무 어렵게 생각하지 말고 평소에는 원문을 해석하며 공부하되, 현대어 해석도 꾸준히 반복해서 제목만 보고도 어떤 내용인지 알고 문제를 풀 수 있도록 훈련하세요. 그리고 고전문학은 주제가 한정적이에요. 지금처럼 자유로운 시대도 아니었고, 해석에 있어서 오해의 소지도 많지 않죠. 대부분은 '임금님 사랑해요~!', '자연은 아름다워', '늙어서 너무 슬퍼', '탐관오리 나쁜 놈들~' 등의 주제가 다랍니다.

06
문단 요약,
수능에는 별로 도움 안 된다

　아마 독서 영역의 지문을 공부할 때 문단별로 요약을 열심히 하는 학생들이 많을 거예요. 흔히 요약은 독해력과 문장 구사력을 북돋아 주고 독해력을 기르는데 큰 도움이 된다고 말하죠. 저도 이 의견에 동의하지만 국어 점수를 높이는 방법으로서 요약은 비효율적인 방법이라고 생각해요. 오히려 수능보다는 논술을 준비할 때 더욱 효과적인 방법이죠. 왜냐하면 수능 시험문제는 단순히 요약을 했다고 풀 수 있는 문제가 아니라 훨씬 더 복잡하고 개념 간의 관계를 구조화할 수 있어야 풀 수 있는 문제들이 출제되거든요. 실제 문제를 통해서 살펴볼까요? 굉장히 어려운 지문이라고 평가받는 문제이니 가볍게 읽어 보며 지문을 요약하고 문제를 풀어 보세요.

[일부 지문 생략]

> 가능세계는 다음의 네 가지 성질을 갖는다. 첫째는 가능세계의 일관성이다. 가능세계는 명칭 그대로 가능한 세계이므로 어떤 것이 가능하지 않다면 그것이 성립하는 가능세계는 없다. 둘째는 가능세계의 포괄성이다. 이것은 어떤 것이 가능하다면 그것이 성립하는 가능세계는 존재한다는 것이다. 셋째는 가능세계의 완결성이다. 어느 세계에서든 임의의 명제 P에 대해 "P이거나 ~P이다."라는 배중률이 성립한다. 즉 P와 ~P 중 하나는 반드시 참이라는 것이다. 넷째는 가능세계의 독립성이다. 한 가능세계는 모든 시간과 공간을 포함해야만 하며, 연속된 시간과 공간에 포함된 존재들은 모두 동일한 하나의 세계에만 속한다. 한 가능세계 W1의 시간과 공간이, 다른 가능세계 W2의 시간과 공간으로 이어질 수는 없다. W1과 W2는 서로 시간과 공간이 전혀 다른 세계이다.
>
> 가능세계의 개념은 철학에서 갖가지 흥미로운 질문과 통찰을 이끌어 내며, 그에 관한 연구 역시 활발히 진행되고 있다. 나아가 가능세계를 활용한 논의는 오늘날 인지 과학, 언어학, 공학 등의 분야로 그 응용의 폭을 넓히고 있다.

42. 윗글을 참고할 때, 〈보기〉를 이해한 내용으로 적절한 것은?

─〈보 기〉─

> 명제 "모든 학생은 연필을 쓴다."와 "어떤 학생도 연필을 쓰지 않는다."는 반대 관계이다. 이 말은, 두 명제 다 참인 것은 가능하지 않지만, 둘 중 하나만 참이거나 둘 다 거짓인 것은 가능하다는 뜻이다.

① 가능세계의 완결성과 독립성에 따르면, 모든 학생이 연필을 쓰는 가능세계가 존재한다는 것과 어떤 학생도 연필을 쓰지 않는 가능세계가 존재한다는 것 중 하나는 반드시 참이고, 그중 한 세계의 시간과 공간이 다른 세계로 이어질 수 없겠군.

② 가능세계의 포괄성과 독립성에 따르면, "어떤 학생도 연필을 쓰지 않는다."가 성립하면서 그 세계에 속한 한 명의 학생이 연필을 쓰는 가능세계들이 존재하고, 그 세계들의 시간과 공간은 서로 단절되어 있겠군.

③ 가능세계의 완결성에 따르면, 어느 세계에서든 "어떤 학생은 연필을 쓴다."와 "어떤 학생은 연필을 쓰지 않는다." 중 하나는 반드시 참이겠군.

④ 가능세계의 포괄성에 따르면, "'모든 학생은 연필을 쓴다."가 참이거나 "어떤 학생도 연필을 쓰지 않는다."가 참'인 가능세계들이 있겠군.

⑤ 가능세계의 일관성에 따르면, 학생들 중 절반은 연필을 쓰고 절반은 연필을 쓰지 않는 가능세계가 존재하겠군.

정답 ④

이 지문을 한 문장으로 요약할 수 있겠어요? 아마 대부분 '가능세계는 일관성, 포괄성, 완결성, 독립성 총 네 가지 성질을 갖는다.' 정도로 요약할 수 있을 거예요. 이 정도면 아주 훌륭한 요약이죠. 논술 요약 문제를 풀더라도 이 정도면 감점 당하지 않을 거예요. 그런데 구체적인 내용을 탈색시켜서 얻은 이 압축적인 문장은 문제 풀이에 별 도움이 되지 않아요. 만약 실제 시험 문제가 다음과 같이 출제된다면 요약은 분명 최고의 공부법이죠.

다음 중 가능세계의 성질이 아닌 것은?
① 일관성   ② 포괄성   ③ 완결성   ④ 이행성   ⑤ 독립성

하지만 실제 시험에서는 이 문단을 제대로 이해했는지 묻기 위해 요약이 아니라 개념을 사례와 함께 이해하고 개념 간 관계를 구조화할 수 있어야 풀 수 있는 문제가 출제되었어요. ④가 정답이 되는 이유를 간단하게 살펴볼까요?

둘째는 가능세계의 포괄성이다. 이것은 어떤 것이 가능하다면 그것이 성립하는 가능세계는 존재한다는 것이다.

〈보　기〉

명제 "모든 학생은 연필을 쓴다."와 "어떤 학생은 연필을 쓰지 않는다."는 반대 관계이다. 이 말은, 두 명제 다 참인 것은 가능하지 않지만, 둘 중 하나만 참이거나 둘 다 거짓인 것은 가능하다는 뜻이다.

④ 가능세계의 포괄성에 따르면, '"모든 학생은 연필을 쓴다."가 참이거나 "어떤 학생도 연필을 쓰지 않는다."가 참'인 가능세계들이 있겠군.

어때요? 지문과 보기와 선지가 아주 완벽하게 구조적으로 연결되어 있는 게 보이나요? 단순하게 문제가 출제되는 경우는 거의 없죠. 만약 문단을 요약하고 그 문장만으로 이 문제를 풀었다면 정답을 찾을 수 있었을까요? 문단을 읽고 요약하는 것에 강박관념을 갖지 않아도 된답니다.

문단별 요약은 아주 좋은 습관이지만 수능에서는 오히려 독이 될 수 있어요.

글을 요약해보는 것은 독해력을 키울 수 있는 좋은 습관이에요. 저도 완전히 제 것으로 만들고 싶은 책은 꼼꼼하게 요약해두기도 하죠. 다만, 수능 시험용으로 지문을 요약하는 방식을 추천하지 않는다는 거예요. 더 요약이 어려울 만큼 압축적인 글이 출제되고, 억지로 요약해봤자 문제 풀이에 별 도움이 안 되거든요. 그보다는 지문을 읽으면서 개념이 어떤 틀에 의해 제시되었는지, 각각의 정보가 어떻게 유기적으로 연결되어 있는지를 생각하며 읽는 것을 추천해요.

07
긴 지문 잡는 무기 : 다섯 가지 개념 틀을 이용하자

요즘 시험에 나오는 독서 영역은 길이도 길고 어렵고 생소한 내용들이 많죠. 그래서 그런지 요즘 글을 어떻게 하면 잘 읽고 이해할 수 있는지 고민인 학생들이 정말 많아요. 『호모 히스토리쿠스』(개마고원, 오항녕 저)라는 책의 구절을 인용해서 그에 대한 답을 해 볼게요.

> 학문은 곧 인식입니다. 인식은 『대학』에서 격물(格物)이라고 했듯이, 사물(物)을 내 머릿속의 틀에 넣는 일(格)입니다.

글을 읽고 이해한다는 것도 마찬가지예요. 글을 이해한다는 것은 글에 제시된 다양한 개념을 내 머릿속의 틀에 넣는 일이죠. 이를 위해서는 일단 머릿속에 틀이 있어야 해요. 몇 가지 예를 볼까요?

1. 결합 : ○+○=○

둘 이상이 결합하여 새로운 대상이 되는 틀이라고 할 수 있어요. 다음 지문을 한 번 볼까요?

2010학년도 수능 국어 20~23번 지문

> 둘 이상의 기업이 자본과 조직 등을 합하여 경제적으로 단일한 지배 체제를 형성하는 것을 '기업 결합'이라고 한다. [이하 생략]

비교적 쉬운 지문이긴 하지만 결합의 틀을 보여 주는 가장 대표적인 지문이죠. 위 지문은 (기업)+(기업)=(기업 결합)이라고 정리할 수 있어요.

2. 이항 대립 ○╱╲×

이항 대립은 하나의 기준을 통해 대립하는 두 개의 하위 개념으로 나눌 수 있는 틀이에요.

2013학년도 수능 국어 21~24번 지문

> (논증)은 크게 (연역)과 (귀납)으로 나뉜다. 전제가 (참이면) 결론이 확실히 참인 연역 논증은 결론에서 지식이 확장되는 것처럼 보이지만, 실제로는 전제에 이미 포함된 결론을 다른 방식으로 확인하는 것일 뿐이다. 반면 귀납 논증은 전제들이 모두 참이라고 해도 결론이 확실히 참이 되는 것은 아니지만 우리의 지식을 확장해 준다는 장점이 있다. [이하 생략]

위 지문을 읽고 이렇게 정리할 수 있겠죠?

언어 지도는 자료를 기입해 넣는 방식에 따라 몇 가지로 나누는데, 그중 한 분류법이 진열 지도와 해석 지도로 나누는 방식이다. 전자가 원자료를 해당 지점에 직접 기록하는 기초지도라면, 후자는 원자료를 언어학적 관점에 따라 분석, 가공하여 지역적인 분포 상태를 제시하고 설명하는 지도를 말한다. [이하 생략]

어때요? 글자만 다를 뿐 구조는 같은 지문이라고 느껴지지 않나요?

위 지문은 이렇게 정리되죠. 이렇게 틀에 따라 지문을 읽어 나가다 보면 내용이 어려운 과학 지문이어도, 인문학 지문이어도 상관없어요. 단지 어떤 틀로 지문을 정리해 나가느냐만 중요할 뿐이죠.

3. 포함

마치 수학에서 나오는 기호 같죠? 포함은 흔하게 볼 수 있는 틀이어서 쉽게 정리할 수 있어요. 하나의 큰 개념 속에 작은 개념을 서술하고 있는 구조이죠. 단순하게 'A는 B에 포함된다.'의 구조뿐만 아니라 'A는 모두 B이다.', 'A는 B 중 하나다.', 'A이면 B이지만, B라고 해서 꼭 A인 것은 아니다.', 'A는 B를 함축하지만, B는 A를 함축하지 않는다.' 등의 구조입니다.

4. 교집합

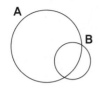

교집합 틀은 두 대상 간의 공통점으로 해석할 수 있어요. 여러 개의 개념 중 일부가 맞물려 있는 구조이죠. 아마 좀 더 다양한 틀을 접해 본 학생이라면 'B의 대다수는 A이다. 하지만 A의 극히 일부만이 B이다.' 정도까지도 확장해서 정리할 수 있을 거예요.

5. 언급 순서=전개 순서

시험에 출제되는 잘 쓴 글들은 언급 순서에 따라 내용이 전개됩니다. 이를 활용하면 글을 이해하기 쉬워지고, 앞으로 나올 내용도 예측할 수 있죠.

2005학년도 예비평가 47~51번 지문

> 인상파는 하나의 유파로서 그리 오래 지속되지 못했다. 세잔과 고흐, 고갱 등의 후기 인상파 화가들이 한편으로 인상파가 이룩한 업적을 당연한 것으로 수용하면서도, 다른 한편으로 인상파에 대한 반발과 저항을 시도하였기 때문이다.
>
> (중략)
>
> 먼저 세잔은 인상파가 순간의 감각에만 사로잡힌 나머지 자연의 변함없는 형태에는 관심을 기울이지 않았다고 생각했다. 그는 색채의 밝음을 상실하지 않으면서 화면에 깊이와 거리감을 부여하려 했고, 이를 위해 '세계의 모방'이라는 전통적 목적을 버린 채 기하학적 형태와 색채 간의 관계를 탐구하였다. 고흐는 인상파가 시각적인 인상에 너무 빠져 빛과 색의 광학적 성질만을 탐구했다고 판단했다. 인상파의 미술이 정열을 상실할 위험에 처해 있다고 보았던 것이다. 그리하여 그는 예술가의 활기찬 감정을 표현하는 것이 예술의 목적이라고 하면서, 이를 달성하기 위해 거친 붓자국으로 격정적 내면을 표출하였고 필요한 경우 형태의 왜곡까지도 감행하였다. 한편 고갱은

서구 문명이 축적한 근대적 학문과 예술 전반에대해 불만을 토로했다. 그는 원시적이고 이국적인 것을 열망했고, 그것은 복잡한 물질 문명 속에서는 발견할 수 없다고 여겼다.그래서 미련 없이 세련된 인상파적 요소를 버리고 원시적 가치를 찾아 나설 수 있었다.

세잔, 고흐, 고갱 순서로 언급됐고, 내용도 세잔, 고흐, 고갱 순서로 전개된 것을 볼 수 있죠?

2009학년도 수능 35~36번 지문

우리나라의 남해안 일대에서는 중생대 백악기에 살았던 공룡의 발자국 화석이 1만 개 이상 발견되었다. 이 화석들은 당시 한반도에 서식했던 공룡들의 특성을 밝히는 실마리를 제공한다. 공룡 발자국 연구에서는 발자국의 형태를 관찰하고, 발자국의 길이와 폭, 보폭 거리 등을 측정한다. 이렇게 수집한 정보를 분석하여 공룡의 종류, 크기, 보행 상태 등을 알아낸다.

(중략)

우선 공룡 발자국의 형태로부터 공룡의 종류를 알아낸다. 남해안 일대에서 발견된 공룡 발자국은 초식 공룡인 용각류와 조각류, 육식 공룡인 수각류의 것으로 대별된다. 용각류의 발자국은 타원형이나 원형에 가까우며 앞발이 뒷발보다 작고 그 모양도 조금 다르다. 이들은 대체로 4족 보행렬을 나타낸다.

(중략)

다음으로 공룡 발자국의 길이로부터 공룡의 크기를 추정할 수 있다. '발자국의 길이(FL)'에 4를 곱해 '지면으로부터 골반까지의 높이(h)'를 구하여 [h=4FL], 그 크기를 짐작할 수 있다. 4족 보행 공룡의 경우에는 일반적으로 뒷발자국의 길이를 기준으로 한다. 단, h와 FL의 비율은 공룡의 성장 단계나 종류에 따라 약간씩 다르게 적용된다.

또한 보폭 거리(SL)'는 보행 상태를 추정하는 기준으로 사용된다. 여기서 SL은 공룡의 크기에 따라 달라지기 때문에 SL을 h로 나눈 '상대적 보폭 거리[SL/h]'를 사용한다. 학자들은 SL/h의 값이 2.0 미만이면 보통 걸음, 2.0 이상 2.9 이하이면 빠른 걸음이었을 것으로, 2.9를 초과하면 달렸을 것으로 추정하고 있다.

이번에도 마찬가지로 언급 순서와 전개 순서가 같아요.

[일부 지문 생략]

> 절대정신은 절대적 진리인 '이념'을 인식하는 인간 정신의 영역을 ⓑ 가리킨다. 예술·종교·철학은 질대적 진리를 동일한 내용으로 하며, 다만 인식 형식의 차이에 따라 구분된다. 절대정신의 세 형태에 각각 대응하는 형식은 직관·표상·사유이다. '직관'은 주어진 물질적 대상을 감각적으로 지각하는 지성이고, '표상'은 물질적 대상의 유무와 무관하게 내면에서 심상을 떠올리는 지성이며, '사유'는 대상을 개념을 통해 파악하는 순수한 논리적 지성이다. 이에 세 형태는 각각 '직관하는 절대정신', '표상하는 절대정신', '사유하는 절대정신'으로 규정된다. 헤겔에 따르면 직관의 외면성과 표상의 내면성은 사유에서 종합되고, 이에 맞춰 예술의 객관성과 종교의 주관성은 철학에서 종합된다.

6. (가)에 따라 직관·표상·사유의 개념을 적용한 것으로 적절하지 <u>않은</u> 것은?

① 먼 타향에서 밤하늘의 별들을 바라보는 것은 직관을 통해, 같은 곳에서 고향의 하늘을 상기하는 것은 표상을 통해 이루어지겠군.

② 타임머신을 타고 미래로 가는 자신의 모습을 상상하는 것과, 그 후 판타지 영화의 장면을 떠올려 보는 것은 모두 표상을 통해 이루어지겠군.

③ 초현실적 세계가 묘사된 그림을 보는 것은 직관을 통해, 그 작품을 상상력 개념에 의거한 이론에 따라 분석하는 것은 사유를 통해 이루어지겠군.

④ 예술의 새로운 개념을 설정하는 것은 사유를 통해, 이를 바탕으로 새로운 감각을 일깨우는 작품의 창작을 기획하는 것은 직관을 통해 이루어지겠군.

⑤ 도덕적 배려의 대상을 생물학적 상이성 개념에 따라 규정하는 것과, 이에 맞서 감수성 소유 여부를 새로운 기준으로 제시하는 것은 모두 사유를 통해 이루어지겠군.

정답 ④

지문이 무슨 뜻인지 잘 모르겠죠? 하지만 순서 틀을 체화한 학생이라면, 적어도 뭐랑 뭐가 같은 건지 정도는 파악할 수 있을 겁니다. 그리고 그 정도면 문제가 풀리게끔 설계되어 있고요. 언급 순서에 따라 내용이 전개되는 것을 대응시켜가며 읽으면 다음과 같습니다.

절대정신은 절대적 진리인 '이념'을 인식하는 인간 정신의 영역을 가리킨다. 예술·종교·철학은 절대적 진리를 동일한 내용으로 하며, 다만 인식 형식의 차이에 따라 구분된다. 절대정신의 세 형태에 각각 대응하는 형식은 직관·표상·사유이다. '직관'은 주어진 물질적 대상을 감각적으로 지각하는 지성이고, '표상'은 물질적 대상의 유무와 무관하게 내면에서 심상을 떠올리는 지성이며, '사유'는 대상을 개념을 통해 파악하는 순수한 논리적 지성이다. 이에 세 형태는 각각 '직관하는 절대정신', '표상하는 절대정신', '사유하는 절대정신'으로 규정된다. 헤겔에 따르면 직관의 외면성과 표상의 내면성은 사유에서 종합되고, 이에 맞춰 예술의 객관성과 종교의 주관성은 철학에서 종합된다.

이렇게 ㅁ, △, ○ 틀에 개념을 분류하며 읽었다면 문제 풀 준비는 다 된 겁니다.

6. (가)에 따라 직관·표상·사유의 개념을 적용한 것으로 적절하지 **않은** 것은?

① 먼 타향에서 밤하늘의 별들을 바라보는 것은 직관을 통해, 같은 곳에서 고향의 하늘을 상기하는 것은 표상을 통해 이루어지겠군.

> 별들을 바라보는 것은 물질적 대상을 감각적으로 지각하는 것이므로 직관을 통해, 고향 하늘을 상기하는 것은 내면에서 심상을 떠올리는 것이므로 표상을 통해 이루어집니다.

② 타임머신을 타고 미래로 가는 자신의 모습을 상상하는 것과, 그 후 판타지 영화의 장면을 떠올려 보는 것은 모두 표상을 통해 이루어져.

> 둘 다 내면에서 심상을 떠올려보는 것이므로 표상을 통해 이루어지는 게 맞죠.

③ 초현실적 세계가 묘사된 그림을 보는 것은 직관을 통해, 그 작품을 상상력 개념에 의거한 이론에 따라 분석하는 것은 사유를 통해 이루어지겠군.

> 그림을 보는 것은 물질적 대상을 감각적으로 지각하는 것이므로 직관을 통해, 작품을 개념을 통해 분석하는 것은 대상을 개념을 통해 파악하는 것이므로 사유를 통해 이루어져요.

④ 예술의 새로운 개념을 설정하는 것은 사유를 통해, 이를 바탕으로 새로운 감각을 일깨우는 작품의 창작을 기획하는 것은 직관을 통해 이루어지겠군.

작품 창작을 기획하는 것은, 내면에 작품에 대한 이미지(심상)를 떠올리는 것이므로 직관이 아니라 표상에 해당되지요. 따라서 ④가 적절하지 않아서 정답! (참고로 '직관'을 '사유'로 바꿔야 한다는 해설도 여럿 있는데 주의하세요.)

⑤ 도덕적 배려의 대상을 생물학적 상이성 개념에 따라 규정하는 것과, 이에 맞서 감수성 소유 여부를 새로운 기준으로 제시하는 것은 모두 사유를 통해 이루어지겠군.

개념에 맞서 다른 개념을 제시하는 것 모두 사유에 대응돼요.

실제 예시를 보니 더욱 이해가 잘 되죠? 긴 지문을 만나더라도 긴장하지 마세요.

틀이 있다면 난 두렵지 않지!

글을 읽고 잘 이해하고 싶다면 개념을 받아들일 틀을 먼저 익히세요.

이 틀은 다양한 독서를 통해 얻을 수도 있지만 기출문제를 통해서 습득할 수도 있죠. 시험 지문이기 이전에 대학 교수님이 잘 다듬어 내놓은 글이기 때문에 개념 틀을 발견하고, 이를 바탕으로 훈련하는 게 좋아요. 위에서 소개한 틀 외에도 다양한 개념 틀이 있으니 발견하고, 정리하고, 또 연습해서 머릿속에 잘 완성해 두면 어떤 지문이라도 쉽고 빠르게 읽어 나갈 수 있을 거예요. 또 저는 '틀'이 중요하다고 생각하기 때문에 지문의 문단 구조도를 그리는 것은 그다지 추천하지 않아요. 시간과 노력이 많이 들지만, 시간 대비 얻을 수 있는 효과가 크지 않다고 생각하거든요.

08
지문 이해가 안 될지라도
개념 틀을 쓰면 문제는 풀린다

2017학년도 수능 국어는 상당히 어려웠어요. 국어 점수가 합격의
당락을 결정지을 정도였죠. 2017학년도 수능이 얼마나 어려웠었는지
문제를 통해서 보도록 합시다. 전체가 5개 문단으로 구성된 지문이었
는데 다 읽어도, 부분만 읽어도 이해가 안 가는 건 마찬가지일 거예
요. 대부분의 학생들이 그랬거든요. 그러니 우리는 3번째 문단만 읽
고 일부 선지만 봅시다.

[일부 지문 생략]

　㉠ <u>논리실증주의자와 포퍼</u>는 수학적 지식이나 논리학 지식처럼 경험과 무관하게 참으로 판별되는 분석 명제와, 과학적 지식처럼 경험을 통해 참으로 판별되는 종합 명제를 서로 다른 종류라고 구분한다. 그러나 ㉡ <u>콰인</u>은 총체주의를 정당화하기 위해 이 구분을 부정하는 논증을 다음과 같이 제시한다. 논리실증주의자와 포퍼의 구분에 따르면 "총각은 총각이다."와 같은 동어 반복 명제와, "총각은 미혼의 성인 남성이다."처럼 동어 반복 명제로 환원할 수 있는 것은 모두 분석명제이다. 그런데 후자가 분석명제인 까닭은 전자로 환원할 수 있기 때문이다. 이러한 환원이 가능한 것은 '총각'과 '미혼의 성인 남성'이 동의적 표현이기 때문인데 그게 왜 동의적 표현인지 물어보면, 이 둘을 서로 대체하더라도 명제의 참 또는 거짓이 바뀌지 않기 때문이라고 할 것이다. 하지만 이것만으로는 두 표현의 의미가 같다는 것을 보장하지 못해서, 동의적 표현은 언제나 반드시 대체 가능해야 한다는 필연성 개념에 다시 의존하게 된다. 이렇게 되면 동의적 표현이 동어 반복 명제로 환원 가능하게 하는 것이 되어, 필연성 개념은 다시 분석 명제 개념에 의존하게 되는 순환론에 빠진다. 따라서 콰인은 종합 명제와 구분되는 분석 명제가 존재한다는 주장은 근거가 없다는 결론에 ㉢ <u>도달한다.</u>

16. 윗글을 바탕으로 할 때, ㉠과 ㉡이 모두 '아니요'라고 답변할 질문은?

② 경험을 통하지 않고 가설을 시험할 수 있는가?

③ 경험과 무관하게 참이 되는 지식이 존재하는가?

⑤ 수학적 지식과 과학적 지식은 종류가 다른 것인가?

정답 ②

17. 윗글에 대해 이해한 내용으로 가장 적절한 것은?

② 논리실증주의자에 따르면, "총각은 미혼의 성인 남성이다."가 분석 명제인 것은 총각을 한 명 한 명 조사해 보니 모두 미혼의 성인 남성으로 밝혀졌기 때문이다.

③ 콰인은 관찰과 실험에 의존하는 지식이 관찰과 실험에 의존하지 않는 지식과 근본적으로 다르다고 한다.

④ 콰인은 분석 명제가 무엇인지는 동의적 표현이란 무엇인지에 의존하고, 다시 이는 필연성 개념에, 필연성 개념은 다시 분석 명제 개념에 의존한다고 본다.

정답 ④

어때요? 이해가 잘 되나요? 이게 도대체 무슨 소리야? 하는 생각이 들지 않나요? 이 문단은 콰인의 논문 「Two Dogmas of Empiricism」을 여덟 문장으로 압축한 거예요. 당연히 이해가 잘 안 될 거예요. 그렇다면 시험장에서 고등학생의 지식을 가지고 있는 우리는 이 지문을 어떻게 이해할 수 있을까요? 앞서 머릿속의 틀을 이용해 지문을 정리하자고 했던 것 기억하죠? 우리가 가지고 있는 개념 틀에 맞춰서 정보를 재배열하면 돼요. 그게 학문적인 깊은 이해는 아니겠지만, 시험

지문을 이해하는 것에는 충분하죠. 예를 들면 이 지문은 두 개의 역Y
와 순환고리 틀이 있으면 됩니다.

논리실증주의자와 포퍼에게

명제

│경험 무관하게 참

○↙ ↘×

분석 명제   종합 명제

수학적 지식,
논리학 지식   과학적 지식

입장

│분석/종합 명제 구분

○↙ ↘×

논리실증주의자와 포퍼   콰인 (총체주의)

분석 명제 개념

'다시'(=순환론) ↗   ↘

필연성 개념 ← 동의적 표현

마지막에 제시된 순환고리 틀도 이번 기회에 알아두면 좋아요. 꼬리
에 꼬리를 무는 틀과 비슷한데, 끝이 다시 시작이 되는 구조라는 점에
서 달라요. 이 정도로만 파악할 수 있다면 이 문단을 모두 '이해'한 거
예요. 이보다 더 깊은 내용의 이해는 대학원에 가서 하면 되는 거고,

대학에 가기 위해 필요한 독해와 이해는 이 정도의 수준이죠. 제시된 단어가 낯설어서 좀 어렵게 느껴졌을 수 있지만, 틀 자체는 매우 평범한 지문이었어요. 자 그럼 16번 문제부터 헷갈렸던 선지를 봅시다.

기술의 적용

기출 선지

② 경험을 통하지 않고 가설을 시험할 수 있을까?

③ 경험과 무관하게 참이 되는 지식이 존재하는가?

> ㉠은 분석 명제가 바로 그러한 경우라고 답할 거고, 반면 ㉡은 그런 구분을 부정하므로 아니라고 답할 거예요. 두 번째 틀을 통해 정리해 놓으니 바로 눈에 보인다!

⑤ 수학적 지식과 과학적 지식은 종류가 다른 것인가?

> ㉠은 수학적 지식은 분석 명제, 과학적 지식은 종합 명제이므로 서로 구분된다고 할 거고, 반면 ㉡은 그런 구분을 부정하므로 아니라고 답할 거예요.

17번 문제도 마찬가지로 쉽게 풀 수 있어요.

기출 선지

② 논리실증주의자에 따르면, "총각은 미혼의 성인 남성이다."가 분석 명제인 것은 총각을 한 명 한 명 조사해 보니 모두 미혼의 성인 남성으로 밝혀졌기 때문이다.

> 분석 명제는 경험과 무관하게 참으로 판별되는 것이죠. 조사(경험)를 통해 확인하는 것과 무관하다고 할 수 있어요.

③ 콰인은 관찰과 실험에 의존하는 지식이 관찰과 실험에 의존하지 않는 지식과 근본적으로 다르다고 한다.

> 이러한 입장은 논리실증주의자/포퍼에 해당되는데요? 오히려 콰인은 종합 명제와 분석 명제의 구분을 부정했어요.

④ 콰인은 분석 명제가 무엇인지는 동의적 표현이란 무엇인지에 의존하고, 다시 이는 필연성 개념에, 필연성 개념은 다시 분석 명제 개념에 의존한다고 본다.

> 순환고리 틀을 다시 말로 잘 표현한 선지이네요. 정답!

지문을 다시 읽지 않아도 선지의 내용이 모두 틀을 통해 지문의 내용을 정리했다면 알 수 있는 것들이네요. 어려운 내용이었지만 화살표를 하나씩 따라가보니 쉽게 정답을 구분할 수 있었죠? 그러니 어려운 지문을 만나더라도 멘붕에 빠지지 말고 머릿 속의 틀에 끼워 맞춰 보세요.

기술의 정리

수능 지문에서 필요한 건 완벽한 내용 이해가 아니라 개념 틀에 맞춘 정보의 재배열이에요.

우리는 문제를 풀기 위해 수능 지문을 읽고 이해하는 것이지, 학문적 접근을 위해 지문을 읽고 이해하는 것이 아니에요. 그러니 시험장에서 어렵고 이해가 되지 않는 지문을 만났다고 하더라도 절대! 멘붕에 빠지지 마세요. 그동안 개념 틀을 가지고 충분히 연습하고 준비한 여러분이라면 자연스럽게 문제의 답이 보일 거예요.

09

교과서에서 다룬 모든 주제가
배경지식으로 활용된다

2022학년도 수능이 끝나고 출제 난이도에 대해 논란이 일자, 수능 출제위원장이었던 위수민 교수(한국교원대 지구과학교육과)는 인터뷰[3]에서 다음과 같이 말했어요.

> 쉬운 문제를 어렵다고 느끼는 수험생이 생각보다 너무 많아 (출제진도) 당황스럽습니다. 옛날에는 학생들이 이것저것 많이 읽었는데 요즘은 공부만 하다 보니 올해 '자동차 문제'(자동차 운행 보조 카메라를 다룬 지문)도 생소해한 것 같습니다. 2019학년도 시험 때도 만유인력은 고등학생 정도 되면 아는 건데 어려웠던 것 같습니다.

---

3) 동아일보, 2021. 11. 23.

출제진은 문제를 어렵지 않게 출제했다고 믿는 것 같습니다. 근데 학생들이 독서를 게을리하다 보니, 상식이 부족해서 문제를 어려워했다고 판단하는 것 같은데, 이게 시사하는 바가 크답니다. 국어 문제를 풀 때, 지문에 표현되지 않은 상식이 동원되는 건 흔한 일입니다. 수능 출제 매뉴얼에도 '주어진 텍스트 안에서 해결할 수 있도록 하되, 일반화된 상식이나 기초 지식을 활용하는 능력도 측정하도록 출제한다.'는 항목이 명시되어 있어요.

구체적으로 살펴보자면, 일단 기초적인 어휘는 다 상식에 들어가요. 어휘를 모른다면 글을 아예 읽을 수 없을 테니까요. 이외에 평균적인 수험생이라면 모두 알 법한 내용도 상식의 범주에 들어갑니다. 아래 내용은 지문에 설명되지 않았지만 문제 풀이를 위해 상식으로 알고 있어야 했던 것들입니다.

1) 계절에 따라 밤의 길이가 달라진다. 즉, 여름에는 밤이 짧고 겨울에는 밤이 길다.
2) 김소월 시에는 토속적 어휘가 쓰였다.
3) 'ㄴ, ㅁ, ㅇ'은 비음에 속한다.
4) 쥐는 포유 동물에 속한다.

어떤가요? 지극히 상식적인 것들이죠? 고등학생이 1)~4)에 해당하는 내용을 모른다면 사실 심각한 거죠.

그런데 이제부터가 문제입니다. 인터뷰에 나온 만유인력의 법칙 $F=G\frac{M_1m_2}{r^2}$(F는 만유인력의 크기, G는 중력 상수, M과 m은 서로 다른 물체의 질량, r은 M과 m 사이의 거리)은 어떤가요? 과연 상식일까요? 고1 통합과학 시간에 배우니, 수험생에게는 상식이라고 해야 할까요?

제가 이걸 묻는 이유가 있습니다. 2019학년도 수능에서 가장 어려웠던 문제는 31번 〈보기〉 문제였는데, 〈보기〉는 '구는 무한히 작은 부피 요소들로 이루어져 있다. 그 부피 요소들이 빈틈없이 한 겹으로 배열되어 구 껍질을 이루고, 그런 구 껍질들이 구의 중심 O 주위에 반지름을 달리하며 양파처럼 겹겹이 싸여 구를 이룬다.'로 시작합니다. 무슨 말인지 이해가 되나요?

이 문항의 정답률은 18%였습니다. 18%는 5개 선택지 중 무작위로 아무거나 찍었을 때 정답을 맞힐 확률인 20%와 별반 차이가 없는 정도예요. 그만큼 너무 어려운 내용이라 출제기관이 유감 표명까지 한 문항이에요.

그렇다면 2022학년도 수능은 어땠을까요? 학생들에게 요구됐던 상식 중 하나는 다음과 같습니다.

'일반적으로, 환율이 오르면 경상수지가 개선된다.'

이 내용이 생소하게 느껴지는 학생들이 많겠지만, 중학교 3학년 사회 시간에 배우는 내용이에요. 그리고 2022학년도 수능에서 이러한 '상식'을 떠올리지 못했다면 문제를 풀 수 없었습니다. 즉, 출제진은 환율과 경상수지의 관계를 수능 필수 상식이라고 선언해버렸습니다. 지문에 없어도 당연히 알아야 하는 내용인 것이지요. 그런데 만약 이 사실을 몰랐다면 어떻게 해야 할까요? 중1~고1까지의 사회, 과학 교과서를 다시 정독이라도 해야 할까요?

혹자는 EBS 연계교재에 '경상수지 적자를 해소하기 위한 환율 인상을 허용함으로써'라는 문장이 제시된 적 있으니, 연계교재만 잘 공부해도 충분히 풀 만했다고 주장합니다. 근데 저는 말도 안 되는 이야기라고 봐요. 전형적인 사후 판단입니다. EBS 연계교재에 실린 독서 지문이 91개나 되는데, 이를 문장별로 다 암기하는 게 아닌 다음에야 어떤 게 수능에 나올 줄 알고 저 문장을 따로 배경지식으로 암기할 수 있겠어요.

자, 어쨌든 수능 국어에서 배경지식이 문제를 푸는 데 중요한 역할을 하고 필수라는 사실은 증명되었습니다. 그렇다면 도대체 어떻게 배경지식을 쌓아야 할까요? 일단 이번 장에서는 이제는 배경지식이 제법 중요하다는 인식을 공유하는 것으로 만족하겠습니다. 구체적으로 어떻게 배경지식을 공부해야 하는지, 다른 과목도 할 게 많은데 책도 따로 읽어야 하는지 바로 다음 장에서 설명할게요.

이제 배경지식 없이는 지문을 빠르게 풀 수 없어요.

독해법, 문제 풀이 기술을 익히는 것만큼이나 평소에 독서 등을 통해 배경지식을 쌓기 위해서도 노력해야 합니다. 앞으로도 수능 지문에는 별다른 설명 없이 배경지식을 통해 정보를 빠르게 습득하고 연결해야 하는 문제가 출제될 거예요.

10

배경지식은 기출문제→EBS 연계교재→독서 순서로 쌓자

배경지식이 중요하다고 하니, 지금부터 독서를 해야 할까요? 어떻게 단시간 안에 배경지식을 쌓을 수 있을까요?

1. 시험이 1년도 안 남은 수험생이라면, 먼저 기출 지문을 배경지식화하세요.

출제기관은 기본적으로 수험생들이 기출문제를 충분히 숙지한 상태라고 가정합니다. 예를 들어, '채권'은 2011학년도 수능에서 처음 언급되었는데, 그때는 다음과 같이 1문단을 통으로 채권의 개념을 설명하는 데 썼습니다.

> 채권은 사업에 필요한 자금을 조달하기 위해 발행하는 유가증권으로 국채나 회사채 등 발행 주체에 따라 그 종류가 다양하다. 채권의 액면 금액, 액면 이자율, 만기일 등의 지급 조건은 채권 발행 시 정해지며, 채권 소유자는 매입 후에 정기적으로 이자액을 받고, 만기일에는 마지막 이자액과 액면 금액을 지급받는다. 이때 이자액은 액면 이자율을 액면 금액에 곱한 것으로 대개 연 단위로 지급된다. 채권은 만기일 전에 거래되기도 하는데, 이때 채권 가격은 현재 가치, 만기, 지급 불능 위험 등 여러 요인에 따라 결정된다.

8년 후 2019학년도 9월 모의평가에 'CDS 프리미엄'이라는 고난도 경제 지문이 나옵니다. CDS 프리미엄이 채권을 바탕으로 한 터라, 지문에 채권 개념이 설명되긴 했지만 딱 두 문장이었어요.

> 채권은 정부나 기업이 자금을 조달하기 위해 발행하며 그 가격은 채권이 매매되는 채권 시장에서 결정된다. 채권의 발행자는 정해진 날에 일정한 이자와 원금을 투자자에게 지급할 것을 약속한다.

기출 지문을 통해 채권 개념을 충분히 숙지를 못한 상태였다면 문제 푸는 데 힘들 수밖에 없었을 거예요.

'환율'도 사정이 비슷합니다. 2011학년도 9월 모의평가에 환율과 경상수지의 관계를 다루는 지문이 나왔습니다. 지문 전체가 둘의 관계에 대해 자세히 설명했죠. 그리고 2022학년도 수능 지문에서 환율과 경상수지의 관계는 간결히 요약된 수준이 아니라, 지문에 없어도 알아야 할 상식으로 등장했습니다.

사실 제가 2011학년도 지문에 대해 분석, 설명할 때만 해도 이런 내용을 배경지식으로 암기하라는 의도는 전혀 없었습니다. 시험에 환율 개념이 또 나왔을 때 빠르게 읽어나갈 수 있도록 하기 위함이었어요. 만약 기출문제 분석을 통해 이미 이 개념을 배경지식화 했다면 수월하게 풀 수 있었을 거예요.

따라서 수능을 준비하는 분들은 위에 제시된 채권, 환율뿐만 아니라 시험에 두 차례 이상 나온 패러다임, 법률해석, 데카르트의 회의주의, 칸트의 미적 무관심성, 한계비용, 외부성, 불확정성의 원리 등을 배경지식으로 알아두세요. 이걸 다 언제 공부하냐고요? 최소한 10개년치 수능기출을 분석하다 보면 자연스럽게 이런 배경지식이 쌓일 겁니다.

2. EBS 수능 연계교재를 배경지식화하세요.

그 다음은 EBS 연계교재입니다. 지문 내용을 암기하라는 게 아니에요. 그보다는 모든 문장을 충분히 이해하는 것을 목표로 쭉 정독하세요. 만약 지문만으로 이해가 안 되는 부분이 있다면 구글이나 유튜브에서 해당 내용을 검색해보고요. 예를 들어 EBS 연계교재에서 '경상수지 적자를 해소하기 위한 환율 인상을 허용함으로써'라는 지문을 읽었을 때 바로 이해되는 학생은 별로 없었을 겁니다. 그렇다고 무작정 외워도 안 돼요. 이해하지 않고 외운 지식은 기억에 오래 남지 않고, 어차피 시험장에서 배신하기 쉽습니다. 시험장 가면 "그래서 경상수지가 좋아지려면 환율을 인상해야 했나, 인하해야 했나?" 하고 헷갈리게 될 거예요. 이럴 때는 인터넷에 '경상수지 환율'로 검색을 해보는 거죠. 그래서 환율 인상에 따른 수출, 수입 변화를 이해하고, 이에 따라 경상수지가 개선되는 과정을 인과적으로 이해했다면 해당 문장을 온전히 이해한 것으로 볼 수 있어요.

3. 시간적 여유가 있는 수험생이라면, 독서를 하세요.

서울대 권장 도서나 태백산맥 같은 대하소설을 읽는 건 추천하지 않습니다. 개인적 취미로 읽는 것을 말릴 수는 없겠지만 수능 국어 대비로는 수험 적합도가 무척 낮아요. 특히 서울대 권장 도서는 서울대에 입학한 후에 읽어도 늦지 않아요. 그렇다면 어떤 책을 읽어야 할까요? 간단합니다. 해당 학문의 가장 기초적이거나 핵심적인 개념을 다루는 책을 읽으면 됩니다. 그러면 어렵고 심화된 지문이 시험에 나와도 무리 없이 읽어나갈 수 있을 거예요. 구체적으로 책 5권을 소개하겠습니다.

①『살면서 한번은 경제학 공부』(21세기 북스, 명지대학교 김두얼 교수 저), ②『통합과학 완전정복』(마리기획, 한양대학교 신인철 교수 저), ③『1페이지 철학 365』(빅피시, 강원대학교 최훈 교수 저), ④『예술에 대한 여덟 가지 답변의 역사』(우리학교, 서울대학교 김진엽 교수 저), ⑤『미래를 바꾼 아홉 가지 알고리즘』(에이콘, 디킨슨대학교 존 맥코믹 교수 저)

소개한 책에 대해 간략하게 설명할게요. 첫 번째 도서인 『살면서 한 번은 경제학 공부』는 경제학의 기초 개념을 설명하는 책입니다. 아무리 지문이 어려워도 기초 개념을 벗어나는 내용이 출제되지는 않기 때문에 이 정도 배경지식이라면 낯선 지문을 비교적 수월하게 읽어나갈 수 있을 거예요.

②는 고등학교 통합과학 내용을 '만화'로 풀어낸 책입니다. 과학 쪽 배경지식이 부족한 학생들이라도 고1 때 배운 통합과학 교과서에서 다루는 정도의 개념은 알고 있어야 하니, 꼭! 꼭!! 보세요.

③은 철학과 관련된 다양한 주제를 가볍게, 폭넓게 다룹니다. 지문 서술도 시험지문과 비슷하고, 무엇보다 시험에 출제되었거나 출제될 만한 주제가 잘 요약되어 실려 있습니다.

④는 미학의 가장 기초적인 핵심적인 주제인 '예술이 무엇인가'를 아주 쉽고 재미있게 다룹니다. 그간 수능, PSAT, LEET에도 자주 나온 주제예요.

⑤는 컴퓨터 과학에서 가장 중요한 아홉 가지 알고리즘을 다루는데, 이중 수능에만 벌써 다섯 개의 알고리즘이 출제됐습니다. 잘 공부해 두면 적중을 기대할 수 있기도 하고, 더 어려운 알고리즘 지문이 나오더라도 책 내용을 기초로 쉽게 이해할 수 있을 겁니다.

이외에도 매달 제가 유튜브에 추천 도서 영상을 올리고 있어요. 시간적 여유가 있는 학생들은 제 채널에서 '추천 도서'로 검색해보길 바랍니다. 제가 수험 적합도가 높은 책들만 선별하여 소개하고 있거든요.

그리고 만약에 이 책을 초등 학부모님이 보고 계신다면 국영수 뿐만 아니라 전과목을 골고루 잘 학습할 수 있도록 독려해주세요. 과학, 사회, 미술, 음악 공부를 착실히 해두면 그 지식이 훗날 수능 국어 문제 풀이에도 도움이 될 거예요.

기술의 정리

그동안 배운 지식부터 배경지식으로 쌓으면 돼요.

배경지식을 쌓기 위해 새로운 공부를 할 필요는 없어요. 결국 수능에는 우리가 초등학교 때부터 고등학교까지 모든 교과목에서 배웠던 지식이 기본적으로 알고 있어야 하는 상식이 되어 출제된답니다. 그러니 기출 지문 → EBS 연계교재 → 독서 순서로 배경지식을 평소에 틈틈이 쌓아두세요.

11
기술 지문,
너만 어려운 건 아니다

상위권 학생도, 이과 학생도, 문과 학생도 모두 두려워하는 존재가 있습니다. 바로 기술 지문! 기술 분야가 워낙 방대하고 깊다 보니, 전반적인 기초 지식을 쌓을 수 있는 책도 없거든요. 그런데 기술 지문만을 위한 특별한 독해법도 따로 존재하지는 않아요.

원론적인 이야기지만, 기출 분석을 통해 근본적인 독해력을 끌어올리는 수밖에 없어요. 그래도 꿀팁을 하나 드리자면, 지문이나 문제에 그림이 나오면 조금 시간이 걸리더라도 글과 그림과 하나하나 연결지어 가며 읽으라는 거예요. 그림이 없다면 구체적으로 상상해가면서 읽으세요. 그게 결국은 문제를 빠르고 정확하게 푸는 데 도움을 줍니다. 제가 대표적인 기술 지문 'CD 드라이브' 기출문제로 보여드릴게요. 그림은 크게 볼 수 있도록 지문 바깥으로 빼놨어요.

[일부 지문 생략]

 CD 드라이브는 디스크 표면에 조사된 레이저 광선이 반사되거나 산란되는 효과를 이용해 정보를 판독한다. CD의 기록면 중 광선이 흩어짐 없이 반사되는 부분을 랜드, 광선의 일부가 산란되어 빛이 적게 반사되는 부분을 피트라고 한다. CD에는 나선 모양으로 돌아 나가는 단 하나의 트랙이 있는데 트랙을 따라 일렬로 랜드와 피트가 번갈아 배치되어 있다. 피트를 제외한 부분, 즉 이웃하는 트랙과 트랙 사이도 랜드에 해당한다.
 CD 드라이브는 디스크 모터, 광 픽업 장치, 광학계 구동 모터로 구성된다. 디스크 모터는 CD를 회전시킨다. CD 아래에 있는 광 픽업 장치는 레이저 광선을 발생시켜 CD 기록면에 조사하고, CD에서 반사된 광선은 광 픽업 장치 안의 광 검출기가 받아들인다. 광선의 경로 상에 있는 포커싱 렌즈는 광선을 트랙의 한 지점에 모으고, 광 검출기는 반사된 광선의 양을 측정하여 랜드와 피트의 정보를 읽어 낸다. 이때 CD의 회전 속도에 맞춰 트랙에 광선이 조사될 수 있도록 광학계 구동 모터가 광 픽업 장치를 CD의 중심부에서 바깥쪽으로 서서히 직선으로 이동시킨다.

자 이해가 되시나요? 그림과 함께

한줄 한줄 분석해볼까요?

CD 드라이브는 디스크 표면에 조사된 레이저 광선이 반사되거나 산란되는 효과를 이용해 정보를 판독한다.

> 빛을 쪼았을(조사했을) 때 반사되는 경우와 산란되는 경우가 있다고 합니다. '반사'와 '산란'의 차이을 구분하면 좋겠죠?

CD의 기록면 중 광선이 흩어짐 없이 반사되는 부분을 랜드, 광선의 일부가 산란되어 빛이 적게 반사되는 부분을 피트라고 한다.

> '산란'의 의미를 통해 '빛이 적게 반사'된다는 내용이 자연스럽게 따라 나옵니다.

CD에는 나선 모양으로 돌아 나가는 단 하나의 트랙이 있는데 트랙을 따라 일렬로 랜드와 피트가 번갈아 배치되어 있다.

> '나선 모양'은 소용돌이 모양을 가리킵니다. 나선 모양과 중심이 같은 동심원 모양을 서로 구분할 수 있어야 합니다.

피트를 제외한 부분, 즉 이웃하는 트랙과 트랙 사이도 랜드에 해당한다.

> 나선을 따라 랜드와 피트가 번갈아 있고, 나선과 나선 사이의 공백도 랜드라는 거네요.

CD 드라이브는 디스크 모터, 광 픽업 장치, 광학계 구동 모터로 구성된다.

> 첫 문장을 읽으면서 구성 부품이 언급될 때마다 그림에서 그 위치와 생김새를 확인해야 합니다. '디스크 모터'는 말 그대로 디스크를 움직이는 거겠죠? '광 픽업 장치'는 빛을 픽업하는 장치일 거고요. '광학계 구동 모터'는 모터니까 뭔가를 움직이게 하는 것 같아요. 참고로 모터(전동기)는 전기를 동력으로 바꾸는 장치인데, 쉽게 말해 전류를 흘려주면 회전 운동을 합니다. 이번 기회에 상식으로 알아두세요.

디스크 모터는 CD를 회전시킨다.

> 그림을 보니까 디스크 모터가 돌면, 위에 있는 CD(디스크)가 뱅글뱅글 도는 것 같네요.

CD 아래에 있는 광 픽업 장치는 레이저 광선을 발생시켜 CD 기록면에 조사하고, CD에서 반사된 광선은 광 픽업 장치 안의 광 검출기가 받아들인다.

> 이 부분을 그림과 대응시켜가며, 애니매이션처럼 상상하며 읽을 수 있어야 합니다. 참고로 '조사'는 빛을 쏜다는 뜻입니다.

광선의 경로 상에 있는 포커싱 렌즈는 광선을 트랙의 한 지점에 모으고, 광 검출기는 반사된 광선의 양을 측정하여 랜드와 피트의 정보를 읽어 낸다.

> 렌즈가 빛을 모아 초점을 맞춘다는 건 초등학생 때도 해봤던 거죠? 상식적인 내용이므로 가볍게 읽어나갈 수 있어요. 광 검출기는 말 그대로 빛의 양을 검출하는 장치네요.

이때 CD의 회전 속도에 맞춰 트랙에 광선이 조사될 수 있도록 광학계 구동 모터가 광 픽업 장치를 CD의 중심부에서 바깥쪽으로 서서히 직선으로 이동시킨다.

> 이 부분도 구체적으로 상상할 수 있어야 합니다. 먼저 CD가 회전하는 모습을 떠올려보세요. 그리고 CD 중심부에서 중심부에서 바깥으로 움직이는 것이 있다면? "나선 모양으로 돌아 나가는 단 하나의 트랙이 있는데 트랙을 따라" 쭉 트랙에 광선이 조사될 수 있겠죠.

이렇게 구체적으로 그림과 대응시키며, 또 상상하며 읽었어야 나머지 문단이 쉽게 읽히고 문제도 어렵지 않게 풀 수 있었을 겁니다. 나머지 지문 독해 및 전체 문제 해설은 영상으로 찍었어요. 210쪽의 QR 코드를 찍어 확인해보세요.

덧붙여서 시간날 때마다 유튜브 채널 'bRd 3D'를 보길 추천해요. 한 번쯤 궁금했을 만한 기술적 원리를 3D 모델링을 통해 실감나게 보여줘 상상하는데 도움을 줄 거예요. 적어도 다음 영상들은 꼭 보길 바랍니다. 일부 주제는 교육청 모의고사 등에 출제된 적도 있어요. 어쩌면 수능에 적중될 수도 있고, 그렇지 않더라도 이것 저것 보다 보면 익숙해져 기술 지문이라도 겁먹지 않게 될 거예요.

기술 지문은 나뿐만 아니라 모두가 어려워해요.

나만 어려우면 심각한 문제겠지만, 모두가 어려워하기 때문에 너무 불안해할 필요는 없습니다. 독해력을 꾸준히 기르고, 평소 생활 속 기술에 관심을 갖고 유튜브 등에서 원리를 찾아보는 습관을 들이세요. 이게 최선의 방법입니다. 덧붙여서 EBS 연계교재에 나온 기술 지문과 관련해서는 유튜브에서 관련 영상을 찾아보세요. 한글로 검색해서 잘 안 나오면, 영어로 검색해보는 것도 좋습니다. 100% 이해하지 못하더라도 시각적으로 봐두면 훨씬 도움이 될 겁니다.

12

문법은 암기로 시작해 암기로 끝난다

아마 영어 문법보다 국어 문법을 더 어려워하는 학생들이 많을 거예요. 한국어인데도 무슨 말인지 당최 하나도 모르겠고 문장 구조도 이해가 안 되고···. 내가 한국 사람이 맞나 싶기도 하고 멘붕이 오는 친구들도 많죠. 이 문제를 포기하고 비문학 지문 하나를 더 읽을까? 지금도 고민하고 있는 친구 있죠? 하지만 제가 장담할게요. 확실하게 공부만 해 놓는다면 국어 문법만큼 쉬운 영역도 없어요. 우리는 흔히 공부할 때 '암기보다는 이해가 먼저 수행되어야 한다.'라고 합니다. 하지만 국어 문법을 공부할 때에는 적용되지 않는 말이랍니다. 일단 암기하는 게 제일 중요하죠. 외우는 게 세상에서 제일 싫은데 암기가 제일 중요하다니···. 하지만 애초에 암기하지 않고는 이해할 게 없는 영역이 바로 국어 문법이에요.

암기가 중요한 이유는 국어 문법 문제에는 크게 두 가지 유형의 문제가 있기 때문입니다. 첫째, 암기하지 않으면 아예 푸는 게 불가능한 문제. 둘째, 이해할 수 없기 때문에 암기해야만 하는 개념이 나오는 문제이지요.

자, 그럼 대체 이 유형의 문제가 뭐길래 무조건 암기해야 정답을 맞힐 수 있는지 실제 문제를 통해서 봅시다.

기출문제 | 2019학년도 수능 국어영역 14번　　　　전체 지문 보기 ▶

14. 〈보기〉의 ⓐ~ⓒ를 이해한 내용으로 적절하지 <u>않은</u> 것은?

───〈보　기〉───

ⓐ 그는 위기를 좋은 기회로 삼았다.
ⓑ 바다가 눈이 부시게 파랗다.
ⓒ 동주는 반짝이는 별을 응시했다.

① ⓐ의 '삼았다'는 주어 이외에도 두 개의 문장 성분을 필수적으로 요구하는군.
② ⓑ의 '바다가'와 '눈이'는 각각 다른 서술어의 주어이군.
③ ⓒ의 '별을'은 안긴문장의 목적어이면서 안은문장의 목적어이군.
④ ⓐ의 '좋은'과 ⓒ의 '반짝이는'은 안긴문장의 서술어이군.
⑤ ⓑ의 '눈이 부시게'와 ⓒ의 '반짝이는'은 수식의 기능을 하는군.

정답 ③

- 안긴문장: 다른 문장 속에서 하나의 문장 성분이 된 홑문장 ☐
- 안은문장: 안긴문장을 포함하고 있는 겹문장 ☐
- 주어: 문장에서 동작 또는 상태나 성질의 주체가 되는 문장 성분 ☐
- 서술어: 주어의 상태나 동작을 나타내주는 문장 성분 ☐
- 목적어: 서술어의 동작 대상이 되는 문장 성분 ☐

예/상/문/제

다음 각각 밑줄 친 부분의 품사를 쓰시오.

> ㄱ. 물이 얼음이 되었다.   ㄴ. 물이 얼음으로 되었다.

정답 ㄱ. 보어 ㄴ. 부사어

첫 번째 문제를 보세요. 이 문제를 풀기 위해서는 일단 표면에 드러난 필수적 (문장)성분, 서술어, 주어, 안긴문장, 안은문장 등의 개념을 알고 있어야 합니다. 그리고 정확하게 풀기 위해서는 관형사절, 부사절 등에 대해서도 이미 알고 있어야 하죠. 이런 개념들을 미리 외우고 있어야 문제를 정확하고 빠르게 풀 수 있다는 것입니다. 문법의 내용을 암기해야만 하는 이유가 조금은 이해가 되시나요? 또 출제자의 입장에서 생각해보면 학생들이 당연히 이러한 개념들을 알고 있고, 알고 있어야 한다고 생각하기 때문에 용어에 대한 설명도 따로 하지 않고 있어요. 수험생이 문법 지식을 잘 알고 문제에 적용할 수 있는지 확인하기 위한 의도로 이런 문제를 출제한 것입니다.

  예상문제에서 두 문장의 차이는 무엇일까요? ㄱ과 ㄴ에서 밑줄 친 부분은 의미상 아무런 차이가 없어 보이지만, 전자는 보어이고, 후자는 부사어예요. 보어의 정의가 '되다/아니다'가 서술어인 문장에서 주어를 제외하고 '이/가'가 붙은 문장 성분이라서 그렇죠. ㄴ은 '이/가'가 아니라 '으로'가 붙어서 보어가 아니에요. 뭐, 그렇다고 하니까 그렇게 외우고 그런가 보다 하고 생각하지만 이런 보어의 정의, 너무 괴상하지 않나요? 필연적인 이유가 없기 때문에 애초에 우리가 이해하기에는 무리가 있어요. 따라서 외워서 문제를 푸는 수밖에 없죠.

국어 문법?!
암기가 시작이자 끝!

결국 문법은 암기가 시작이자 끝이에요.

잊혀질 만하면 반복하고, 잊혀질 만하면 또 반복하고 반복하며 기억하는 것이죠. 교과서 또는 개념서 하나를 잡고 계속 반복하며 공부하는 게 가장 좋은 문법 공부예요. 처음에는 한번 보는 깃도 시간이 오래 걸리고, '이게 대체 무슨 소리야.'라는 생각이 들겠지만 반복할수록 시간도 단축될 거예요. 그리고 시험 전날 문법책을 단시간에 복습할 수 있도록 합시다. 그러면 시험 때 문법 개념들이 생생하게 기억나서 문제를 바로바로 풀 수 있게 될 거랍니다.

13
별다를 건 없고, 독서의 기술을 똑같이 적용하자

선택과목 중 화법과 작문 영역은 유난히 공부 방법에 대해 감조차 잡지 못하는 학생들이 많아요. 화법과 작문도 기출 분석을 해야 하는지, 한다면 어떻게 해야 하는지 고민인 학생들도 많죠. 독서 영역에 대해서 이렇게 묻는 경우는 거의 없는데, 왜 화작에 대해서는 이런 질문이 폭주하는 걸까요? 제 생각에는 아마 보편적 패턴에 대한 감각이 없어서 그런 게 아닐까 싶어요. 보편적 패턴을 중심으로 공부하면 화작을 공부했는데 독서 점수가 오르고, 독서를 공부했는데 문학 점수가 오르는 효과를 볼 수 있어요. 그러니 기본 패턴을 정리해 놓는 것이 중요하겠죠. 백문이 불여일견이죠! 실제 문제를 통해서 문제를 어떻게 분석하고 어떤 문제 패턴이 있는지 보여 줄게요.

오늘은 조선의 궁중 음식 중 수라상에 대해 말씀드리겠습니다. 발표는 수라상의 상차림, 왕의 식사 횟수와 식사 장면, 그리고 수라상의 음식을 포함한 조선의 궁중 음식이 지닌 의의 순으로 진행하겠습니다.

우선 '수라'는요, 고려 때 몽골의 영향으로 생긴 말로 왕에게 올리는 밥을 높여 이르던 말입니다. ㉠지금 보시는 화면이 수라상의 사진인데요, 세 개의 상과 화로를 한눈에 볼 수 있습니다. (사진을 가리키며) 왼쪽에 보이는 큰 상인 대원반에는 흰밥과 탕, 반찬들이, 오른쪽에 보이는 소원반에는 팥밥과 탕, 접시가 놓여 있습니다. 왕이 고를 수 있게 밥과 탕을 두 가지씩 준비한 겁니다. 소원반 옆에 놓인 화로는 전골 요리에 썼다고 해요. 『조선 왕조 궁중 음식』이라는 책에 따르면 왕은 이러한 수라상을 아침과 저녁에 받았다고 합니다.

왕이 하루에 식사를 두 번만 한 것은 아니었어요. ㉡두 번째 화면을 볼게요. 이것은 수라상 외에 왕이 받은 초조반상, 낮것상, 야참의 사진입니다. 초조반상과 낮것상은 주로 죽으로, 야참은 면, 식혜 등으로 간단히 차린 걸 볼 수 있죠. 야참을 식사로 본다면 왕은 하루에 몇 번이나 식사를 했을까요? (청중의 대답을 듣고) 예, 다섯 번이죠. 아침, 저녁의 수라상까지 합해 왕은 하루에 다섯 번 식사를 한 셈입니다. ㉢다음 화면에서 보실 것은 왕의 식사 장면을 재현한 동영상입니다. (동영상을 보여 준 후) 어떤 상궁은 왕보다 먼저 음식을 먹어 보아 독의 유무를 확인하고, 다른 상궁은 왕에게 생선을 발라 드리는 모습을 보셨습니다. 이렇게 왕은 상궁들의 시중을 받으며 식사를 했어요.

수라상의 음식을 포함한 조선의 궁중 음식은 우리 전통 음식을 대표한다고 할 수 있는데요, 이는 궁중과 민간의 교류를 통해 조선의 궁중 음식이 민간의 음식뿐만 아니라 민간의 뛰어난 조리 기술까지 받아들여 우리 음식 전반을 아울렀기 때문이지요. 이러한 의의가 인정되어 조선의 궁중 음식은 무형 문화재로 지정되었어요. 수라상에 대해 제가 참고한 기록은 대한 제국 시기 상궁들의 구술을 토대로 한 것입니다. 수라상에 대해 이해가 되셨기를 바라며 발표를 마치겠습니다.

1. 발표에 반영된 학생의 발표 계획으로 적절하지 않은 것은?

① 정보의 출처를 언급하여 발표 내용의 신뢰성을 높여야겠어.

② 내용을 요약하며 마무리하여 발표의 중심 내용을 한 번 더 강조해야겠어.

③ 발표 중에 질문을 하여 발표 내용에 대한 청중의 이해를 확인해야겠어.

④ 발표 주제와 관련된 단어의 의미를 설명하여 발표 내용에 대한 청중의 이해를 도와야겠어.

⑤ 발표할 내용의 순서를 앞부분에 제시하여 청중이 발표 내용을 예측하며 들을 수 있게 해야겠어.

정답 ②

2. 발표에서 학생이 자료를 활용한 방식에 대한 설명으로 가장 적절한 것은?

① 전골을 조리하는 과정을 설명하기 위해 ㉠에 소원반과 화로의 사진을 제시하였다.

② 수라상의 전체적인 모습을 보여 주기 위해 ㉠에 음식이 차려진 상들과 화로의 사진을 제시하였다.

③ 왕이 식사한 시간을 알려 주기 위해 ㉡에 수라상의 사진을 제시하였다.

④ 수라상을 간단히 차린 이유를 알려 주기 위해 ㉡에 낮것상의 사진을 제시하였다.

⑤ 수라상을 차리는 과정을 설명하기 위해 ㉢에 시중을 드는 상궁들의 모습을 담은 동영상을 제시하였다.

정답 ②

3. 〈보기〉는 발표를 들은 후 청중이 보인 반응이다. 발표를 고려하여 청중의 반응을 분석한 것으로 적절하지 **않은** 것은?

---〈보 기〉---

청자 1: 궁중 음식을 민간과 무관한 것으로 생각했는데, 민간과 교류를 했다는 사실을 알게 되어 좋았어. 그런데 수라상에 세 개의 상이 있다고 하면서도 설명은 두 개만 해서 아쉬웠어.

청자 2: 왕의 음식에 독이 들었는지 확인하는 상궁을 기미 상궁으로 알고 있는데, 동영상의 상궁 중 한 명이 기미 상궁이겠군. 그리고 발표자가 참고한 기록이 대한 제국 시기 상궁들의 구술을 토대로 했다면, 오늘 들은 수라상에 대한 내용은 조선 시대 전반에 걸친 것이 아닐 수도 있지 않을까?

청자 3: 궁중 음식이 무형 문화재로 지정되었다는 것은 단지 음식만이 아니라 조리법을 비롯한 음식 문화 전반의 가치를 인정한 것이겠군. 그리고 고추와 같은 재료는 조선 후기에 유입된 것으로 알고 있는데, 그렇다면 그에 따라 수라상의 음식들에 변화가 있었겠군.

① 청자 1은 이전에 몰랐던 사실을 발표를 통해 알게 된 것을 긍정적으로 생각하고 있군.
② 청자 2는 발표 내용의 일부를 언급하며 이와 관련하여 의문을 제기하고 있군.
③ 청자 3은 발표 내용을 바탕으로 발표에서 직접적으로 언급되지 않은 내용을 추론하고 있군.
④ 청자 1과 청자 3 모두 발표 내용에 누락된 내용이 있는 것을 부정적으로 생각하고 있군.
⑤ 청자 2와 청자 3 모두 발표 내용과 관련된 자신의 배경 지식을 활용하고 있군.

정답 ④

화작치고 꽤 긴 지문이었어요. 기출 분석을 할 때 어떻게 지문을 하나하나 분석하는지 보여줄게요.

기출 지문

오늘은 조선의 궁중 음식 중 수라상에 대해 말씀드리겠습니다. 발표는 ① 수라상의 상차림, ② 왕의 식사 횟수와 식사 장면, 그리고 수라상의 음식을 포함한 ③ 조선의 궁중 음식이 지닌 의의 순으로 진행하겠습니다.

> '순으로(순서로) 진행'이라는 말이 없었어도 언급 순서가 전개 순서를 결정한다는 원칙(앞에서 배운 기술이죠?)에 따라 2문단은 ① 수라상의 상차림, 3문단은 ② 왕의 식사 횟수와 식사 장면, 4문단은 ③ 조선의 궁중 음식이 지닌 의의에 대해서 말할 것임을 예측할 수 있어요.

우선 수라는요, 고려 때 몽골의 영향으로 생긴 말로 왕에게 올리는 밥을 높여 이르던 말입니다. ㉠ 지금 보시는 화면이 수라상의 사진인데요, 세 개의 상과 화로를 한눈에 볼 수 있습니다.(사진을 가리키며) 왼쪽에 보이는 ① 큰 상인 대원반에는 흰밥과 탕, 반찬들이, 오른쪽에 보이는 ② 소원반에는 팥밥과 탕, 접시가 놓여 있습니다. 왕이 고를 수 있게 밥과 탕을 두 가지씩 준비한 겁니다. 소원반 옆에 놓인 화로는 전골 요리에 썼다고 해요. 『조선 왕조 궁중 음식』이라는 책에 따르면 왕은 이러한 수라상을 아침과 저녁에 받았다고 합니다. (세 번째 상)

> 작은따옴표, 영어나 한자 괄호와 함께 등장하는 단어는 핵심어일 가능성이 높아요. 특히 이 단어에 대해 정의/어원이 제시된다면 잘 체크해 두어야 해요.

그리고 밑줄 친 ㉠을 보세요. 이 부분이 문제화될 거라고 노골적으로 알려주고 있죠? 그러니 잘 표시해 놓고 눈여겨봅시다. 기출문제를 많이 풀어봤다면 출제자가 '화면에 어떤 내용이 나오는지' 물을 것이라는 느낌이 올 거예요. 아직 그 정도까지 어렵다면 바로 관련 문항을 찾아 훑어봐도 됩니다.

마지막에 '세 개의 상'이라고 했는데, 세 번째 상은 소개되지 않았네요? 출제자가 지문을 쓰면서 실수한 걸까요? 그럴 리 없어요. 출제자가 문제화하려고 일부러 누락시킨 거예요. 이처럼 지문을 읽다 보면 이가 빠진 느낌이 들 때가 있는데 이때 주의해야 해요. 출제자가 문제 출제를 위해 의도적으로 이가 빠진 글을 제시한 거죠. 이 부분이 어떤 식으로든 문제화될 거라고 예측하며 글을 읽어야 한답니다.

왕이 하루에 식사를 두 번만 한 것은 아니었어요. ㉡ 두 번째 화면을 볼게요. 이것은 수라상 외에 왕이 받은 초조반상, 낮것상, 야참의 사진입니다. 초조반상과 낮것상은 주로 죽으로, 야참은 면, 식혜 등으로 간단히 차린 걸 볼 수 있죠.

'이 사진은 수라상 외(X)에 왕이 받은 초조반상, 낮것상, 야참(O)의 사진'을 보자마자 출제자가 문제화할 가능성이 높다는 예측을 했어야 해요. 기출문제에서 수없이 반복된 패턴 _XO 패턴이죠. _XO는 "A는 B가 아니라 C이다." 꼴의 문장 구조를 가리킵니다. 마법의 문장 구조라고 할 수 있을 만큼 출제자는 _XO 패턴의 문장만 나오면 문제화 하니 꼭 기억해 두세요. 특히 지문에 _XO가 제시됐을 때는 선지에서 부정(X)과 긍정(O)이 바꿔치기 되지는 않았는지 주의하세요. 가장 흔하게 출제되는 함정이랍니다.

야참을 식사로 본다면 왕은 하루에 몇 번이나 식사를 했을까요? (청중의 대답을 듣고) 예, **다섯 번**이죠. 아침, 저녁의 수라상까지 합해 왕은 하루에 다섯 번 식사를 한 셈입니다. ㉢ 다음 화면에서 보실 것은 왕의 식사 장면을 재현한 동영상입니다. (동영상을 보여 준 후) 어떤 상궁은 왕보다 먼저 음식을 먹어 보아 독의 유무를 확인하고, 다른 상궁은 왕에게 생선을 발라 드리는 모습을 보셨습니다. 이렇게 왕은 상궁들의 시중을 받으며 식사를 했어요.

> 질문이 나오면 답변에 주목해야 해요. 출제자는 지문 속에서 질문(의문문)을 통해 **강조의 의미**를 나타내곤 하죠. 그리고 모든 글은 어떤 질문에 대한 답변으로 볼 수 있어요. 전자제품 사용설명서는 "이 제품을 잘 사용하는 방법은?"에 대한 답변이고, 이 책은 "고득점을 위한 수능 국어 공부 방법은?"에 대한 답변이에요.

수라상의 음식을 포함한 조선의 궁중 음식은 우리 전통 음식을 대표한다고 할 수 있는데요, 이는 궁중과 민간의 교류를 통해 조선의 궁중 음식이 민간의 음식뿐만 아니라 민간의 뛰어난 조리 기술까지 받아들여 우리 음식 전반을 아울렀기 때문이지요. 이러한 의의가 인정되어 조선의 궁중 음식은 무형 문화재로 지정되었어요. 수라상에 대해 제가 참고한 기록은 대한 제국 시기 상궁들의 구술을 토대로 한 것입니다. 수라상에 대해 이해가 되셨기를 바라며 발표를 마치겠습니다.

> 1문단의 언급 순서대로 마지막 문단은 '의의'가 소개되었어요. 말미에 '관련 근거'가 제시된 점에 주목하세요. 보고서를 쓸 때는 '관련 근거'가 매우 중요해요. 이러한 근거로 일을 추진하겠다는 식으로 쓰는 게 보고서의 기본이죠.

긴 지문이었지만 하나씩 분석해 보니 화법과 작문 지문을 어떻게 분석해야 할지 조금은 감이 오시나요? 기출문제 분석을 철저하게 하고 익숙해지면 시험장에서 실제 문제의 지문을 읽을 때 어떤 부분을 물을지 예상된답니다. 그럼 시간도 훨씬 단축할 수 있고 실수도 줄일 수 있겠죠. 지문을 분석했으니 이제 선지를 한번 봅시다.

기출 선지

1. 발표에 반영된 학생의 발표 계획으로 적절하지 ~~않은~~ 것은?

> 발표와 일치/대응하지 않는 것을 고르라는 문항이에요. 부정 문두에는 X를 크게 써 두면 실수를 방지할 수 있어요.

① 정보의 출처를 언급하여 발표 내용의 신뢰성을 높여야겠어.(O)

> 출제자는 마지막 문단의 관련 근거를 문제화했어요. 지문 분석을 하면서 어느 정도 예측할 수 있었던 내용이죠? 정보 출처가 제시되면 당연히 신뢰성이 올라가니 옳은 선지!

② 내용을 ~~요약하며 마무리~~하여 발표의 ~~중심 내용을 한 번 더 강조~~해야겠어.(X)

> 마지막 문단은 요약이 아니었죠? 1문단에서 언급한 '의의'를 설명한 후, 정보 출처를 밝히며 끝났을 뿐이에요. 글의 흐름을 파악했다면 너무나 쉬운 문제였죠! 실전에서는 여기서 바로 다음 문제로 넘어가겠지만 기출 분석을 할 때는 하나하나 나머지 선지들도 꼼꼼히 봐야 해요.

③ 발표 중에 질문을 하여 발표 내용에 대한 청중의 이해를 확인해야겠어.(O)

> 질문 답변(Q→A)구조에 주목했다면 쉽게 판단할 수 있었을 거예요.

④ 발표 주제와 관련된 단어의 의미를 설명하여 발표 내용에 대한 청중의 이해를 도와야겠어. (O)

> 2문단에서 '수라'의 의미를 설명했어요. 중요하게 읽은 부분이 문제화되었어요.

⑤ 발표할 내용의 순서를 앞부분에 제시하여 청중이 발표 내용을 예측하며 들을 수 있게 해야겠어. (O)

> 언급 순서를 알려 주면 당연히 내용을 예측할 수 있죠.

2. 발표에서 학생이 자료를 활용한 방식에 대한 설명으로 가장 적절한 것은?

> ㉠, ㉡, ㉢을 문제화했죠? 화면의 내용이 어떠한지를 파악하는 게 기본입니다.

① ~~전골~~을 조리하는 과정을 설명하기 위해 ㉠에 소원반과 화로의 사진을 제시하였다. (X)

> 전골을 조리하는 과정은 설명하지 않았어요.

② 수라상의 전체적인 모습을 보여 주기 위해 ㉠에 음식이 차려진 상들과 화로의 사진을 제시하였다. (O)

> "㉠ 지금 보시는 화면이 수라상의 사진인데요, 세 개의 상과 화로를 한눈에 볼 수 있습니다."라고 했으므로 적절한 선지이죠.

③ 왕이 식사한 시간을 알려 주기 위해 ⓒ에 ~~수라상의 사진~~을 제시하였다. (X)

> ㅡXO 패턴이 나오면 부정(X)과 긍정(O)이 바꿔치기되지 않는지 주의하라고 했죠? ⓒ은 수라상이 아닌 다른 상에 대해 보여 주는 사진인데 출제자는 수라상 사진이라고 바꿔치기를 했어요.

④ ~~수라상을 간단히 차린 이유~~를 알려 주기 위해 ⓒ에 낮것상의 사진을 제시하였다. (X)

> 수라상이 아닌 다른 상에 대해 알려 주기 위해 '낮것상'의 사진을 제시한 거죠. ③과 선지 제작 패턴이 동일하네요.

⑤ ~~수라상을 차리는 과정을 설명~~하기 위해 ⓒ에 시중을 드는 상궁들의 모습을 담은 동영상을 제시하였다. (X)

> 수라상을 차리는 과정이 아니라 다 차려진 수라상을 먹는 모습을 보여 주는 동영상이에요. 지문을 읽을 때 이런 부분을 체크해 두었다면 쉽게 넘어갈 수 있는 문제였어요.

3. 〈보기〉는 발표를 들은 후 청중이 보인 반응이다. 발표를 고려하여 청중의 반응을 분석한 것으로 적절하지 ~~않은~~ 것은?

> 반응의 문제는 팩트(지문, 〈보기〉)를 토대로 해야 해요.

① 청자 1은 이전에 몰랐던 사실을 발표를 통해 알게 된 것을 긍정적으로 생각하고 있군.(O)

> 청자 1의 첫 번째 문장을 토대로 한 판단이므로 적절해요.

② 청자 2는 발표 내용의 일부를 언급하며 이와 관련하여 의문을 제기하고 있군.(O)

> 청자 2의 두 번째 문장을 토대로 한 판단이므로 적절해요.

③ 청자 3은 발표 내용을 바탕으로 발표에서 직접적으로 언급되지 않은 내용을 추론하고 있군.(O)

> 청자 3의 첫 번째 문장을 토대로 한 판단이므로 적절해요.

④ 청자 1과 ~~청자 3 모두~~ 발표 내용에 누락된 내용이 있는 것을 부정적으로 생각하고 있군.(X)

> 청자 1의 두 번째 문장은 이가 빠져있음을 지적하고 있어요. 이에 대해 '아쉬웠다'라고 했으니 부정적으로 생각한다는 판단은 적절하죠. 하지만 청자 3이 부정적으로 생각한다는 부분은 어디에도 나타나지 않고 있어요.

⑤ 청자 2와 청자 3 모두 발표 내용과 관련된 자신의 배경 지식을 활용하고 있군.(O)

> 청자 2와 청자 3 모두 "~으로 알고 있는데"라며 자신의 배경 지식을 활용했죠.

어떤가요? 기출문제 공부량이 좀 쌓여 있다면 문제의 지문을 분석하고 해설을 보면서 독서 지문을 분석하는 것과 거의 똑같다고 느꼈을 거예요. 실제로 독서 지문을 읽는 방법, 문제 풀이 방법이 그대로 쓰였으니까요. 그래서 시작할 때 말했듯 보편적 패턴 중심으로 공부하면 화작을 공부했는데 독서 점수가 오르고, 독서를 공부했는데 문학 점수가 오르는 효과를 볼 수 있는 거죠.

기술의 정리

각 영역들의 문제들을 분석하는 방법은 모두 연결되어 있어요.

고득점을 노린다면 어느 하나도 소홀히 해서는 안 되겠죠? 지면상 책에 다 소개하지는 못했지만 '국어의기술.kr'에 들어가면 하나씩 분석해 놓은 문항들이 더 있어요. 시간날 때 들어가서 쓱쓱 훑어보세요.

4장

실전에 강한 국어피지컬을 위한

문제 풀이 기술

9

01
문제 풀이 스킬은 고득점에 필요한 필수 도구이다

2019학년도와 2022학년도 수능 국어영역은 특히 더 어려워서 논란이 되었어요. 하지만 그 이전에도 국어영역은 만만치 않은 영역이었죠. 논리적으로 글을 쓰고 말을 하는 것이 직업인 기자 4명이 똑같이 시간을 재고 수능 국어영역을 풀어봤는데 5~6등급의 점수가 나왔다는 것은 유명한 일화이고, 교육부장관을 지냈던 대학 교수님이 수능 국어영역을 풀었다가 7등급의 점수가 나왔다고 해요.

과연 무엇이 문제였을까요? 독서를 안 해서? 글을 안 써 봐서? 토론을 안 해 봐서? 도대체 어떤 능력이 부족해서 5~7등급의 점수를 받게 된 걸까요? 이분들이 정말 국어 능력이 부족해서 저런 점수를 받은 것일까요? 글쎄요. 저는 수능 국어영역은 시험문제 풀이에 적합하고 훈련이 되어 있는 사람이 정확하게 문제를 풀어나가는 시험이라고 생각해요. 기자, 대학 교수님은 이러한 문제를 푸는 스킬이 훈련되어 있지 않기 때문에 저런 점수가 나온 것이죠. 즉, 기자, 대학 교수님은 우리보다 언어 능력(글을 쓰고, 토론하고 등)은 더 뛰어날지 몰라도 문제를 푸는 능력은 우리가 훨씬 더 잘 훈련되어 있다는 이야기이죠. 수능은 주어진 시간 안에 문제를 누가 더 많이 맞히느냐로 등급을 가르는 시험이에요. 문제를 맞히는 게 중요한 시험인 거죠. 그럼 당연히 문제를 푸는 훈련을 해야 하지 않을까요? 자, 그럼 훈련하러 떠나봅시다~!

기출문제 | 2017학년도 수능 국어영역 16~20번   전체 지문 보기 ▶

[일부 지문 생략]

> 콰인은 분석 명제와 종합 명제로 지식을 엄격히 구분하는 대신, 경험과 직접 충돌하지 않는 중심부 지식과, 경험과 직접 충돌할 수 있는 주변부 지식을 상정한다. 경험과 직접 충돌하여 참과 거짓이 쉽게 바뀌는 주변부 지식과 달리 주변부 지식의 토대가 되는 중심부 지식은 상대적으로 견고하다. 그러나 이 둘의 경계를 명확히 나눌 수 없기 때문에, 콰인은 중심부 지식과 주변부 지식을 다른 종류라고 하지 않는다. 수학적 지식이나 논리학 지식은 중심부 지식의 한가운데에 있어 경험에서 가장 멀리 떨어져 있지만 그렇다고 경험과 무관한 것은 아니라는 것이다. 그런데 주변부 지식이 경험과 충돌하여 거짓으로 밝혀지면 전체 지식의 어느

부분을 수정해야 할지 고민하게 된다. 주변부 지식을 수정하면 전체 지식의 변화가 크진 않지만 중심부 지식을 수정하면 관련된 다른 지식이 많기 때문에 전체 지식도 크게 변화하게 된다. 그래서 대부분의 경우에는 주변부 지식을 수정하는 쪽을 선택하겠지만 실용적 필요 때문에 중심부 지식을 수정하는 경우도 있다. 그리하여 콰인은 중심부 지식과 주변부 지식이 원칙적으로 모두 수정의 대상이 될 수 있고, 지식의 변화도 더이상 개별적 지식이 단순히 누적되는 과정이 아니라고 주장한다.

총체주의는 특정 가설에 대해 제기되는 반박이 결정적인 것처럼 보이더라도 그 가설이 실용적으로 필요하다고 인정되면 언제든 그와 같은 반박을 피하는 방법을 강구하여 그 가설을 받아들일 수 있다. 그러나 총체주의는 "A이면서 동시에 A가 아닐 수는 없다."와 같은 논리학의 법칙처럼 아무도 의심하지 않는 지식은 분석 명제로 분류해야 하는 것이 아니냐는 비판에 답해야 하는 어려움이 있다.

19. 윗글의 총체주의에 대한 비판으로 가장 적절한 것은?

① 가설로부터 논리적으로 도출된 예측이 경험과 충돌하더라도 그 충돌 때문에 가설이 틀렸다고 할 수 없다.

② 논리학 지식이나 수학적 지식이 중심부 지식의 한가운데에 위치한다고 해서 경험과 무관한 것은 아니다.

③ 전체 지식은 어떤 결정적인 반박일지라도 피할 수 있기 때문에 수정 대상을 주변부 지식으로 한정하는 것은 잘못이다.

④ 중심부 지식을 수정하면 주변부 지식도 수정해야 하겠지만, 주변부 지식을 수정한다고 해서 중심부 지식을 수정해야 하는 것은 아니다.

⑤ 중심부 지식과 주변부 지식 간의 경계가 불분명하다 해도 중심부 지식 중에는 주변부 지식들과 종류가 다른 지식이 존재한다.

정답 ⑤

역대 수능 기출문제를 보면 출제자가 비판 선지를 묻는 패턴이 있어요. 그중 하나는 '경계선'에 대한 건데 다음과 같이 정리할 수 있습니다.

지문) C를 기준으로 A가 B를 구분함
비판1) C가 적절한 기준이 아님을 지적함
비판2) A와 B의 경계가 명확하지 않음을 지적함

이 방법은 수능뿐만 아니라 LEET, PSAT를 비롯해서 토론에서도 흔히 볼 수 있는 비판 방법이에요. 지문을 보면 논리실증주의자와 포퍼의 구분에 대해 콰인이 비판2의 방법을 쓰기도 했죠. 문제는 콰인에 대한 비판이죠? 이에 대한 비판 방법도 정형화되어 있어요.

지문) A와 B는 구분되지 않는다.
비판) A와 B는 (C라는 점에서) 구분된다.

지문 마지막 문장이 바로 이런 비판이에요. 콰인은 분석 명제와 종합 명제가 다른 종류가 아니라고 했는데, 논리학의 법칙처럼 종합 명제와 구분되는 분석 명제가 있다는 거죠.

⑤ 중심부 지식과 주변부 지식 간의 경계가 불분명하다 해도 중심부

지식 중에는 주변부 지식들과 종류가 다른 지식이 존재한다.

만약 문제가 더 어려웠다면 마지막 문장 없이 비판하라고 했을 거예요. 그런 경우라 하더라도, 그간 출제자가 정답/오답을 만드는 패턴을 기출문제로 잘 익혀 뒀다면 쉽게 풀 수 있었을 거랍니다.

선지 ②를 한번 볼까요? ②는 콰인의 입장과 같기 때문에 비판이 아니에요.

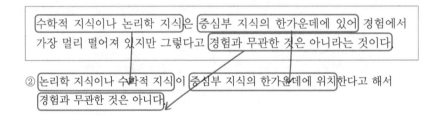

어때요? 이런 문제를 처음 푸는 사람이라면 아무래도 시간도 많이 걸리고 어려울 수밖에 없겠죠? 근데 기출문제를 풀면서 이런 패턴이 익숙한 학생이라면? 지문의 흐름을 예측하며 빠르게 읽을 수 있었을 거고, 문제도 쉽게 풀 수 있었겠죠.

수능 국어는 문제를 푸는 스킬이 정말 중요해요.

수능 국어영역은 제한된 시간 안에 문제를 빠르고 정확하게 풀어나가는 게 필요하죠. 그래서 평소에 문제집이나 기출문제에서 단순히 문제를 풀고, 채점하고, 해설 읽고 넘어가는 게 아니라 이러한 스킬을 훈련하는 게 필요합니다. 레벨이 높은 사냥감을 잡아야 하는데 칼과 방패 같은 무기만 있는 것보다는 무기를 다스릴 수 있는 스킬까지 있다면 더 수월한 것과 같은 이치이죠.

02 속도 vs 정확도, 정확도 훈련이 먼저다

80분 동안 45문항을 푸는 게 생각보다 쉬운 일이 아니에요. 그래서 정확도에 신경 쓰다 보면 시간이 부족하고, 시간에 맞춰 빠르게 풀다 보면 정확도가 떨어지는 경우가 발생하죠. 그래서 이에 대한 고민을 하는 학생들이 많은데요. 제가 색소폰을 배울 때의 이야기가 도움이 될 것 같아요. 색소폰은 처음에 소리 내는 게 쉽지가 않아요. 10번 정도 불면 한두 번 소리가 제대로 날까 말까더라고요. 빨리 잘하고 싶은 욕심에 연습량을 10배로 늘렸죠. 그러면 10~20번 정도는 제대로 소리를 낼 수 있으니까요. 근데 이렇게 열심히 연습하는 것을 알게 된 색소폰 선생님이 기겁을 하시며 다음과 같이 말했어요.

" 선생님은 소리가 잘 나는 연습을 10~20번 하신 게 아니라, 삑사리 나고 소리가 어설프게 나는 연습만 80~90번 하신 거예요. "

듣고 보니 정말 그런 것 같더라고요. 연습은 정말 열심히 했는데, 실력이 빨리 늘지 않았던 이유가 바로 여기에 있었던 거죠.

공부에도 그대로 적용할 수 있어요. 실력이 부족한데 무작정 모의고사를 시간 맞춰 풀겠다고 덤비면? 지문도 대충, 문제도 대충 읽을 수밖에 없겠죠? 결국 대충대충 읽는 훈련을 80분 동안 격렬하게 한 셈이에요. 이렇게 훈련해서는 실력이 빨리 늘지도 않고, 금방 한계에 부딪히게 될 수밖에 없어요. 안 좋은 습관을 계속 연습하는 셈이니 어찌 보면 당연한 결과겠죠.

그러니 일단 정확도가 우선이에요. 모의고사를 풀 때 모든 문제를 다 맞히려고 무리하기보다는 80분 동안 푼 문제는 다 맞힐 수 있도록 노력하는 게 더 좋아요. 시간 부족으로 문제를 끝까지 못 풀고 뒤는 다 찍어도 괜찮아요. 평소에 정확하게 푸는 방법을 익히고 연습하다 보면 문제 풀이 속도는 드라마틱하지는 않아도 조금씩 조금씩 자연스럽게 올라가게 되어 있으니까요.

마치 살을 빼려면 덜 먹고 더 움직이라는 것만큼 당연한 이야기죠? 하지만 이 당연한 이야기를 과연 여러분들은 실천하고 있나요? 이 과정을 묵묵히 견디기가 다소 고통스러울 수도 있어요. 모의고사에서

10문제 가까이 풀지 못하고 제출해야 할 수도 있고요. 그래서 뭔가 단기간에 효과를 볼 수 있는 획기적인 방법을 찾는 학생들이 많지만 정확도를 바탕으로 공부량을 늘려나가는 방식 외에는 다른 방법이 없어요.

차라리 천천히 읽는 훈련을 더 하세요.

느리더라도 이해하면서 정확하게 읽으려고 노력하는 것이 중요합니다. 그러다 보면 결과적으로 지문 읽는 시간도 단축될 거예요. 당연히 점수도 단계적으로 올라갈 거고요. 대충 빠르게 읽으면 문제 풀 때 시간을 다 잡아먹게 되고, 고득점은 꿈도 꿀 수 없게 돼요.

03
지문의 일부만 읽고
문제 풀다가 역효과 난다

　화법/작문/독서/소설 영역의 경우 지문이 점점 더 길어지고 있는 추세여서 그런지 지문을 다 읽지 않거나 처음과 끝 단락만 읽고 문제를 풀 수 있는 비법을 궁금해하는 학생들이 많아요. 하지만 안타깝게도 지문을 다 읽고 문제를 푸는 방법밖에 없어요.

　절차적인 면에서 생각해 볼까요? 출제기관에서 발행한 시험 출제 매뉴얼을 보면 다음과 같은 내용이 나와요.

> 지문이나 보기 등에 대해서 점검할 때에는 다음과 같은 점에 유의해야 한다. → 문제와 직접 관련이 없는 내용이 지문이나 보기로 제시되어 있지 않은가?

이 말은 문제와 직접 관련이 없는 내용의 지문이나 보기는 출제 혹은 검토할 때 삭제하라는 이야기예요. 따라서 여러분이 시험장에서 보게 되는 시험지의 지문은 이미 문제 풀이에 필요한 부분들로만 압축적으로 구성된 글이라는 거죠. 군더더기가 없는 글이기 때문에 안 읽어도 되는 부분은 없다고 결론을 내릴 수 있어요.

무엇보다 출제기관은 수년간 시험지 글자 수를 줄여오고 있어요. 언뜻 지문이 짧아지면 좋은 것 아니냐는 생각이 들 수 있어요. 그렇지 않습니다. 지문이 짧아서 오히려 더 어렵습니다. 길이와 난이도는 반비례하는 경우가 많아요. 긴 지문일수록 자세한 보충설명이 있을 가능성이 높고, 이해하기도 쉽습니다. 짧은 지문은 상세한 설명이 다 빠지고 필수적인 문장만 남겨져 있어서, 읽는 데 시간이 더 걸립니다.

게다가 요즘 출제자는 지문에 있었으면 좋았을 법한 설명을 따로 빼서 문제의 선지로 출제하기도 합니다. 지문을 충분히 이해한 학생들이 아니라면 정오 판정이 쉽지 않고 시간도 많이 걸릴 수밖에 없게끔 말이죠. 대표적인 게 2021학년도 6월 모의평가 29~33번 지문입니다. 이해를 돕기 위한 서술이 전부 생략되어 지문 길이가 짧은 편이죠. 그래서 쉬울 거란 착각은 금물입니다. 지문을 읽으면서 머릿속으로 내용을 재구성해야 해요. 제시된 사실을 연결 지어서 차례로 소거해 나가야 하고요. 짧으니까 빨리 푸는 게 아니고, 짧으니까 더 천천히 읽어야 하는 겁니다. 한번 풀어볼까요?

[지문 일부 생략]

[29~33] 다음 글을 읽고 물음에 답하시오.

　특허권은 발명에 대한 정보의 소유자가 특허 출원 및 담당 관청의 심사를 통하여 획득한 특허를 일정 기간 독점적으로 사용할 수 있는 법률상 권리를 말한다. 한편 영업 비밀은 생산 방법, 판매 방법, 그 밖에 영업 활동에 유용한 기술상 또는 경영상의 정보 등으로, 일정 조건을 갖추면 법으로 보호받을 수 있다. 법으로 보호되는 특허권과 영업 비밀은 모두 지식 재산인데, 정보 통신 기술(ICT) 산업은 이 같은 지식 재산을 기반으로 창출된다. 지식 재산 보호 문제와 더불어 최근에는 ICT 다국적 기업이 지식 재산으로 거두는 수입에 대한 과세 문제가 불거지고 있다.

　일부 국가에서는 ICT 다국적 기업에 대해 디지털세 도입을 진행 중이다. 디지털세는 이를 도입한 국가에서 ICT 다국적 기업이 거둔 수입에 대해 부과되는 세금이다. 디지털세의 배경에는 법인세 감소에 대한 각국의 우려가 있다. 법인세는 국가가 기업으로부터 걷는 세금 중 가장 중요한 것으로, 재화나 서비스의 판매 등을 통해 거둔 수입에서 제반 비용을 제외하고 남은 이윤에 대해 부과하는 세금이라 할 수 있다.

　ⓐ 많은 ICT 다국적 기업이 법인세율이 현저하게 낮은 국가에 자회사를 설립하고 그 자회사에 이윤을 몰아주는 방식으로 법인세를 회피한다는 비판이 있어 왔다. 예를 들면 ICT 다국적 기업 Z사는 법인세율이 매우 낮은 A국에 자회사를 세워 특허의 사용 권한을 부여한다. 그리고 법인세율이 A국보다 높은 B국에 설립된 Z사의 자회사에서 특허 사용으로 수입이 발생하면 Z사는 B국의 자회사로 하여금 A국의 자회사에 특허 사용에 대한 수수료인 로열티를 지출하도록 한다. 그 결과 Z사는 ⓐ B국의 자회사에 법인세가 부과될 이윤을 최소화한다. ICT 다국적 기업의 본사를 많이 보유한 국가에서도 해당 기업에 대한 법인세 징수는 문제가 된다. 그러나 그중 어떤 국가들은 ICT 다국적 기업의 활동이 해당 산업에서 자국이 주도권을 유지하는 데 중요하기 때문에라도 디지털세 도입에는 방어적이다.

ICT 산업을 주도하는 국가에서 더 중요한 문제는 ICT 지식 재산 보호의 국제적 강화일 수 있다. 이론적으로 봤을 때 지식 재산의 보호가 약할수록 유용한 지식 창출의 유인이 저해되어 지식의 진보가 정체되고, 지식 재산의 보호가 강할수록 해당 지식에 대한 접근을 막아 소수의 사람만이 혜택을 보게 된다. 전자로 발생한 손해를 유인 비용, 후자로 발생한 손해를 접근 비용이라고 한다면, 지식 재산 보호의 최적 수준은 두 비용의 합이 최소가 될 때일 것이다. 각국은 그 수준에서 자국의 지식 재산 보호 수준을 설정한다. 특허 보호 정도와 국민 소득의 관계를 보여 주는 한 연구에서는 국민 소득이 일정 수준 이상인 상태에서는 국민 소득이 증가할수록 특허 보호 정도가 강해지는 경향이 있지만, 가장 낮은 소득 수준을 벗어난 국가들은 그들보다 소득 수준이 낮은 국가들보다 오히려 특허 보호가 약한 것으로 나타났다. 이는 지식 재산 보호의 최적 수준에 대해서도 국가별 입장이 다름을 시사한다.

[A]

29. 윗글을 읽고 답을 찾을 수 있는 질문에 해당하지 <u>않는</u> 것은?

① 법으로 보호되는 특허권과 영업 비밀의 공통점은 무엇인가?
② 영업 비밀이 법적 보호 대상으로 인정받기 위한 절차는 무엇인가?
③ ICT 다국적 기업의 수입에 과세하는 제도 도입의 배경은 무엇인가?
④ 로열티는 ICT 다국적 기업의 법인세를 줄이는 데 어떻게 이용되는가?
⑤ 이론적으로 지식 재산 보호의 최적 수준은 어떻게 설정하는가?

정답 ②

30. 디지털세에 대한 이해로 가장 적절한 것은?

① 지식 재산 보호를 강화할 수 있는 수단이다.
② 이윤에서 제반 비용을 제외한 금액에 부과된다.
③ ICT 산업에서 주도적인 국가는 도입에 적극적이다.
④ 여러 국가에서 자회사를 설립하는 방식으로 줄일 수 있다.
⑤ 도입된 국가에서 ICT 다국적 기업이 거둔 수입에 부과된다.

정답 ⑤

이 지문에 대한 더 자세한 해설을 제가 유튜브에 따로 올려둘 테니, 나중에 꼭 보시기 바랍니다. 고난도 문제라 지면에 담기에는 한계가 있거든요.

문제 푸는 데 필요한 내용만 남겨둔 짧은 지문일수록 더 천천히, 더 정확하게 읽어야만 풀릴 거예요.

문단의 처음과 끝 문장만 읽고 풀 수 있는 문제가 나올 거란 한 줄기 희망에 내 점수를 걸지 마세요. 이제 구체적인 사례를 읽지 않으면 추상적 개념을 이해할 수 없는 지문이 나오기도 하고, 사례를 구체적으로 이해하는 것 자체가 핵심인 지문도 나오거든요. 너무 절망적인가요? 그런데 이러한 사실이 역으로 문제 풀이의 꿀팁이 될 수 있어요. 예를 들어 네 문단짜리 지문에 문제가 3개가 나왔고 1, 2번은 풀었는데 3번이 안 풀리는 상황이라면? 그런데 지문을 보니 4문단이 1, 2번을 풀 때 쓰이지 않았다면? 3번의 근거는 4문단에 있을 확률이 매우 높죠. 문제 풀이에 쓰이지 않는 문단이라면 애초에 삭제되어 시험지에 등장하지 않았을 테니까요.

04

해설은 사실
언제 봐도 무방하다

해설을 보지 않고 1시간이고 2시간이고 고민해서 결국은 자신의 힘으로 문제를 풀어내는 모습, 참 멋있어 보여요. 저도 수험생 시절에 이렇게 문제를 몇 시간 동안 고민했던 기억이 있고 뭔가 진짜 공부를 한 느낌이 들어서 뿌듯했었죠. 그런데 어느 순간부터 한 문제를 잡고 너무 오래 고민하는 것을 그만뒀어요. 따져 보니 효율이 떨어지더라고요. 해설도 현재 자신의 수준에 따라 활용하는 방법이 달라요. 수학이든 국어든 수준에 따라 해설을 다음과 같이 활용하길 추천해요.

4등급 이하일 때는 채점 후 바로 해설을 보면서 공부하는 것을 추천합니다. 기초 개념이 부족해서 문제를 틀릴 때가 많기 때문이죠. 이 경우는 혼자 계속 고민한다고 크게 나아질 게 없어요. 그러니 바로 해설을 보면서 몰랐던 개념 등을 보충해야 하죠. 맞힌 문제의 해설 속에도 분명 배울 게 있을 테니 해설을 꼼꼼하게 공부한다는 마음가짐으로 다 보세요. 문제당 10분의 시간 제한은 시험장에서도 한 문제를 10분 이상 풀 일이 없기 때문에 지키는 것이 좋아요. 평소 한 문제를 오래 붙잡고 푸는 습관이 생기면 오히려 시험장에서 방해가 될 수 있답니다.

3등급 이상일 때는 문제를 혼자 힘으로 이해하고 풀어내는 경험이 중요해요. 채점 후 틀린 문제를 스스로 납득할 수 있다면 시험장에서도 혼자 힘으로 문제를 풀어나갈 수 있죠. 이때도 한 문제당 10분 이하로 시간을 배정하는 게 중요합니다.

한 문제를 놓고 오랫동안 고민하는 능력도 중요한 자질이에요. 400년 동안 증명되지 않았던 '페르마의 마지막 정리'는 1997년 앤드류 와일즈라는 수학자에 의해 최종 증명되었죠. 혼자서 7년간 이 문제에 매달린 결과였어요. 증명될지 안 될지도 모르는 이 문제를 7년간 끈질기게 연구할 수 있는 능력은 정말 감탄할 만하고, 학문의 발전에 꼭 필요한 자질이라고 할 수 있어요. 하지만 수능 시험은 이런 수학자를 뽑는 시험이 아니죠. 그보다는 잘 훈련된 기술자를 가려내는 시험에 가까워요. 무슨 말인지 알겠죠?

현재 내 등급에 따라 해설을 바로 확인하는 게 필요할 수도, 한 번 더 풀어보고 확인하는 게 좋은 방법일 수도 있어요.

중요한 것은 자기에게 맞는 방법을 찾는 것이죠. 문제를 풀면서 몰랐던 개념들을 공부하는 것도 중요하지만 자신만의 공부 방법을 찾고 익숙해지도록 꾸준히 훈련하는 것도 공부의 일종이란 걸 잊지 마세요!

05

문제 풀이 몇 분 컷은
별로 중요하지 않다

몇 년 전 어떤 학생으로부터 굉장히 거친 항의를 받은 적이 있어요. 학생이 모의고사를 볼 때 시간을 분배하는 요령이나 시간기준을 어떻게 세워야 할 지 묻더라고요. 선택과목은 몇 분 내에 풀고, 문학 한 지문은 몇 분 내에 풀고, 독서 지문은 몇 분 내에 풀고, 마킹은 언제하고 등을 알려달라는 거였죠.

저는 그런 건 없다고 했어요. 그냥 모의고사 칠 때 실전처럼 긴장감 갖고 풀고, 한 문제에 지나치게 많은 시간을 쏟지 않는다는 원칙하에 알아서 정하라고 답했죠. 사람마다 실력이 다르고, 또 시험 난이도를 모르기 때문에 제가 일률적으로 정해줄 수 없다고요.

그후 2019학년도 수능이 치러졌어요. 고난도 독서 지문 두 세트를 통으로 날려도 1등급이 가능했을 만큼 수능 역사상 가장 어려운 시험이었죠. 수능 커뮤니티에는 시간 관리를 못해서 시험을 망쳤다는 글이 넘쳐났어요. 모의고사였다면 20분 지났을 때 몇 번 문제를 풀고 있어야 했는데, 시험장에서는 그게 전혀 안 돼서 그때부터 멘붕에 빠졌다는 글이 부지기수였죠.

여기서 배울 수 있는 교훈은, 수능은 마라톤 코스가 아니라는 점입니다. 물론 수험생활은 마라톤에 비유되는 것이 적절하나, 단순히 시험지만 놓고 보면 그렇지 않습니다. 마라톤 코스는 사전에 다 알려져 있어요. 그래서 사람마다 자신의 체력을 고려하여 시간 기준점을 미리 설정해둘 수가 있어요. 시간이 얼마 흘렀을 때 몇 km를 지나고 있어야 하는지 등을 사전에 계산하고 연습해볼 수 있다고요.

하지만 수능은 그렇지 않습니다. 내가 어떤 코스를 달리게 될지, 시험장 들어가기 전까지 아무도 몰라요. 그래서 무턱대고 확고한 시간 기준점을 만들어두는 건 오히려 위험할 수 있어요.

기술의 정리

유연한 자세로 시험 시간을 운영하세요.

문학/독서 한 세트를 몇 분만에 풀어야 하고, 선택과목을 몇 분만에 풀어야 한다는 경직된 자세보다는 전력질주하듯 최선을 다해 풀되, 난이도에 따라 유연하게 시간분배를 하는 것이 바람직한 전략입니다.

06

문제부터 읽을지, 지문부터 읽을지는 아무 의미 없다

    문제부터 보는 게 좋을까, 지문부터 보는 게 좋을까? 공부를 본격적으로 시작한 학생들이 자주 묻는 질문이죠. 저는 이런 질문을 받으면 '아, 이 학생 공부를 제대로 시작한 지 얼마 되지 않았구나.' 하는 생각을 해요. 왜냐하면 이 문제는 마치 탕수육은 부먹(튀김에 소스를 부어 먹음)이 맛있냐, 찍먹(소스에 튀김을 찍어 먹음)이 맛있냐를 고민하는 것과 비슷하거든요. 즉, 옳고 그름의 문제가 아니라 서로 다름의 문제라는 거죠.

    정답은 간단해요. 이렇게도 문제를 먹어보고(풀어보고), 저렇게도 먹어본 후(풀어본 후) 자신에게 더 잘 맞는 방법을 고르고, 정교화해 나가면 된답니다. 왜냐하면 국어를 100점 받는 학생들이라고 해서 다 똑같은 방식으로 문제를 풀어나가는 게 아니거든요. 다만, 제 생각에

영역별로 조금씩 더 유리하다고 생각하는 방법은 있어요. 문제를 통해서 보여줄게요. 이 방법만이 정답은 아니에요. 그냥 참고만 하되, 다양한 방법을 통해서 자신에게 맞는 방식을 찾는 게 더 좋답니다.

그럼 이제 영역별로 한번 알아볼까요?

1. 화법, 작문, 매체

선지 말고 발문 정도는 먼저 본 뒤에 지문을 읽어나가는 게 유리해요. 발문을 통해 어디에 중점을 두고 읽어야 하는지 방향성을 알 수 있거든요. 그리고 지문을 읽다가 출제자가 특정 부분을 문제화하는 표시(㉠___, [A], ⓐ___등)가 나오면 바로 해당 문제의 선지 정오 판단 후 다시 지문을 읽으면 비교적 편하게 문제를 풀 수 있어요. 이후, 지문을 다 읽어야 풀 수 있는 문제를 풀면 되고요. 첫 번째 예시 문제를 보면,

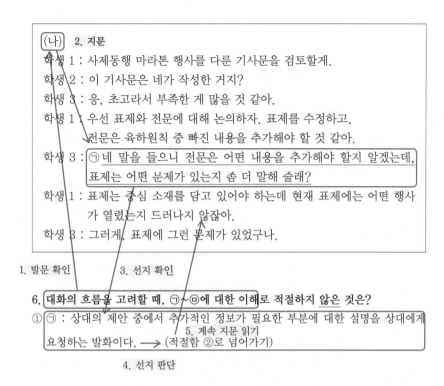

어때요? 이런 경우에는 긴 지문을 읽지 않아도 바로 확인하고 다음 선지로 넘어갈 수 있으니 시간 절약이 되겠죠?

2. 문법

독해지문형 문법 문항은 문제를 통해 얻을 만한 힌트가 별로 없어요. 따라서 지문부터 꼼꼼하게 먼저 정독하는 게 좋습니다. 제시된 개념을 이해할 때 사전에 공부했던 지식이 필요한 경우가 많으므로 평소 문법 공부를 잘 해두는 것이 가장 중요하죠.

3. 문학

　문학은 일단 작품 제일 끝에 나오는『제목』부터 확인하는 게 첫 번째로 할 일이에요. 사전에 공부한 작품인지 아닌지 확인하는 데도 도움이 되고, 만약 낯선 작품이라 할지라도『제목』은 주제와 밀접하기 때문에 독해할 때 도움이 된답니다. 이후에는 〈보기〉를 읽으며 작품에 대한 힌트, 해석의 방향성을 확인해요. 2019학년도 수능 국어영역 38번 문제를 봅시다.

〈보 기〉

　『임장군전』을 읽은 당시 독자층은 책의 여백과 말미에 특정 대목에 대한 자신의 생각을 적은 다양한 필사기를 남겼다. '식자층'은 "㉠대역 김자점의 소행이 혐오스러워 붓을 멈춘다."라는 시각을 나타내거나 "㉡잡혔으니 가히 아프고 괴로우며 애석하네."라며 경업에 대한 안타까움을 드러냈다. 한편 '평민층'은 "㉢슬프다, 임 장군이여. 남의 손에 죽으니 어찌 천운이 아니랴."라며 숙명론적인 반응을 보이거나, "㉣조회하고 나오는 것을 문외의 무사로 박살하니 그 아니 가엾지 아니리오."라는 안타까운 반응을 남기거나, "㉤사람마다 알게 하기는 동국충신의 말임에 혹 만민이라도 깨달아 본받게 함이라."라는 필사기를 남겼다. ㉠, ㉢, ㉤은 경업이 죽는 대목에, ㉡과 ㉣은 경업이 자점에게 피습되는 대목에 남아 있는 필사기이다.

　단, 시나 소설 같은 표현상의 특징을 묻는 문제는 선지까지 미리 읽어보는 게 도움이 될 수 있어요. 예를 들어, 선지에 '공감각적 이미지', '서술자의 개입'이 있다면 이를 머리에 집어 넣고 지문을 읽으라는 이야기예요. 정리하자면『제목』→ 〈보기〉 → 발문(+선지) → [지문] → 선지 이렇게 판단하는 것을 추천해요. '화법과 작문'과 마찬가지로 중간중간 문제 표시(㉠___, [A], ⓐ___ 등)가 나오면 그때그때 관

련 선지를 판단한 후 다시 지문을 읽어나가는 순서이죠.

4. 독서

독서를 어떻게 풀어나갈지는 학생마다 또 강사마다 달라요. 다만 경험상 고득점을 받는 학생일수록 지문부터 읽는 경우가 많았어요. 문학과 달리 〈보기〉를 읽는다고 별 도움이 되는 것도 아니고, 선지를 미리 본다고 크게 도움이 되지도 않아요. 하나의 지문에 문제가 세 개일 경우 선지가 15개나 되는데, 이 정보를 머릿속에 다 넣을 수 있는 게 아니잖아요? 그래서 그런지 종종 다음과 같은 방법으로 공부하는 학생들도 있어요. 1문단 읽고 문제 쭉 훑으면서 정오 판단이 가능한 선지를 찾아보고, 2문단 읽고 또 문제 훑어보고… 아직 점수가 낮은 학생들에게는 이런 방법도 도움이 될 수 있지만 고득점을 노린다면 피하는 게 낫다고 생각해요. 기출문제를 보면 출제자는 이런 식으로 푸는 학생들이 틀리기 쉬운 함정 선지를 내곤 한답니다. 예를 들어서 1문단 퍼즐 조각과 5문단 퍼즐 조각을 합쳐야 판단할 수 있는 선지는 지문 전체의 흐름을 읽어내야 풀 수 있기 때문이죠.

개인적으로는 지문부터 읽으며 전체적인 흐름을 파악한 상태로 문제를 푸는 걸 추천해요. 출제자는 중요한 부분을 문제화하기 때문에 큰 흐름만 잘 알아도 정답을 바로 찾을 수 있거나, 적어도 선지 2, 3개는 제외시킬 수 있을 거예요. 그렇다고 지문을 한 번 읽고 문제 풀 때 다시 지문으로 되돌아가지 말라는 것은 아니랍니다. 선지를 보고 정확하게 지문의 해당되는 부분으로 되돌아가서 그 부분만 읽는다면 아무런 문제가 안 돼요. 하지만 이 역시 지문의 큰 흐름을 알아야 가능한 일이죠.

기술의 정리

'문제부터 읽을까? 지문부터 읽을까?'는 정말 아무 의미 없는 고민이에요.

제가 제시한 방법도 사실 정답이 아니죠. 어떤 영역은 문제를 먼저 확인하고 지문을 읽어 나가는 게 정리가 더 잘 되기도 하고, 어떤 영역은 또 아닐 수도 있어요. 그러니 너무 고민하면서 스트레스 받지 말고 자신이 빠르게 정답을 찾을 수 있는 방법을 찾으면 됩니다.

07 문제 푸는 순서에는 정답이 없다, 개인의 취향일 뿐

학생들이 시험지를 푸는 순서를 보면 전통적으로 다음과 같이 나뉩니다.

유형 1) 독서 → 문학 → 선택과목

유형 2) 선택과목 → 문학 → 독서

유형 3) 선택과목 → 독서 → 문학

2022학년도 6월 모의평가, 9월 모의평가, 11월 수능의 문항 구성을 기준으로 설명해보겠습니다.

유형 1)	1~17번	18~34번	35~45번
	독서	문학	선택과목

유형 1은 순서대로 푸는 거예요. 그런데 이렇게 푸는 학생은 생각보다 많지 않고, 대부분은 유형 2, 3처럼 푸는 것 같아요. 선택과목으로 머리를 예열시키고 본격적으로 문제를 푸는 거죠. 아무래도 언매든 화작이든, 지문이 짧고 쉬우니까요.

유형 2)	35~45번	18~34번	1~17번
	선택과목	문학	독서

유형 2는 가장 많은 학생들이 취하는 전략 같아요. 독서가 어렵다 보니 풀어도 정답률이 낮고. 그렇다 보니 문학에 충분한 시간을 쓰는 거죠.

유형 3)	35~45번	1~17번	18~34번
	선택과목	독서	문학

유형 3은 성적이 높은 학생들이 주로 취하는 전략 같아요. 선택과목은 문학보다는 독서에 가깝기 때문에 비슷한 영역을 묶어서 푸는 게 효과적이죠. 또한 변별력이 높은 독서에 충분한 시간을 쓸 수 있다는 장점도 있고요. 무엇보다 시간이 없을 때 문학은 빠르게 읽어도 이해하는 데 별 지장이 없는 경우가 많아요.

이 밖에도 제가 설문조사를 해보니 유형 4, 5로 푸는 학생도 종종 있었고, 다양한 응용이 존재했습니다.

유형 4)

18~34번	35~45번	1~17번
문학	선택과목	독서

유형 5)

1~17번	35~45번	18~34번
독서	선택과목	문학

독서 중 가장 쉬운 독서론(1~3번)을 분리하거나 가장 어려워 보이는 지문을 분리해서 유형 1~5와 섞는 접근도 시도해 볼 만한 전략이었습니다.

결론은 뭐냐? 이것저것 방법을 시도해보고 자신에게 맞는 방법을 찾으라는 거예요. 누가 뭐 좋다더라는 말에 휘둘리지 말고, 다양하게 시도해보세요. 그리고 실력이 올라감에 따라 전략도 바꿔보세요. 국어 점수를 극대화하려면 국어 공부만큼이나 전략도 신경써야 합니다.

나에게 맞는 방법은 분명 따로 있어요.

문제를 푸는 순서만 바꿨음에도 시간을 많이 절약할 수 있었다는 경험
담을 들어본 적이 있을 거예요. 그러니 귀찮아하지 말고 여러 방식을
시뮬레이션해보세요. 때로는 남에게 가장 좋은 방식이 내게는 가장 나
쁜 방식일 수도 있어요. 공부의 모든 주체는 내가 되어야 해요.

이 순서로 푸니 잘 풀려!

이건 조금 나랑 안 맞네

이 방식은 그저그렇네

집중이 안돼

졸리다

08
어려운 문제를 쿨하게 버리는 것도 실력이다

2019학년도 수능, 2022학년도 수능 모두 1등급 원점수 컷이 80점대 초반이었어요. 이걸 보고 재미있는 상상을 하게 되더라고요. 만약 전국의 수험생들이 이를 알고 시험장에 들어갔다면 어땠을까? 수험생들의 전략이 달라짐에 따라 원점수 컷이 2~5점은 더 올라갔을 거예요. 대다수 수험생들이 어려운 3점짜리 문항 6개 정도는 모두 한 번호로 찍고, 나머지 문제를 최대한 많이 맞히자는 전략으로 임했을 테니까요.

그런데 시험 난이도는 사전에 미리 알 수 없죠? 따라서 1등급 컷을 토대로 전략을 짜는 건 불가능합니다. 시험에 임한 여러분이 문제를 풀며 난이도를 평가하여, 이를 토대로 전략을 짜는 수밖에 없습니다. 물론 이것도 쉽지 않습니다. 출제기관조차도 난이도 예측에 실패할 때가 있으니까요. 2022학년도 수능 출제위원장조차 "작년과 비슷한 수준이라고 생각했는데 어렵다는 수험생들이 너무 많아 당황"했다는 인터뷰를 해서 논란이 되기도 했어요.

그렇다면 어떻게 해야 하는가? 제가 제안하는 방법은 메가스터디 홈페이지를 애용하는 거예요. [메가스터디 → 입시정보 → 수능/모의고사 풀서비스 → 오답률 베스트 → 정답 & 정답률 보기]를 보면, 해당 시험의 문항별 정답률이 쫙 나와요. 시험지를 혼자 풀어본 후, 메가스터디 정답률 분포를 보며 자신이 문제 풀며 느낀 난이도와, 통계적 난이도를 비교해보세요. 매 시험마다 이렇게 비교하며 자신의 주관적 난이도와 세상의 난이도 차이에 대한 감을 만들어 나가세요. 그러면 시험장에서 감각적으로 "나뿐만 아니라 다른 학생들도 무척 어려워하겠구나/쉬워하겠구나", "나는 쉽게 풀었는데, 다른 학생들은 어려워할 수도 있겠구나" 같은 판단이 가능할 겁니다.

그리고 이런 판단의 정확도가 높을수록 수능 시험장에서 난이도에 따라 과감한 전략을 쓸 수 있게 됩니다. 특히 "이 지문은 나뿐만 아니라 전국의 수험생이 죄다 멘붕이겠다!"라는 판단이 서면, 오히려 자신은 멘붕 당황하지 않고 버릴 문제는 버리며 침착하게 시험지를 풀 수 있을 거예요.

남들에게도 어려운 문제인지 판별할 수 있는 '눈'을 기르는 게 전략이에요.

만약 남들도 나처럼 미친 듯이 어렵게 느낄 것 같은 문제가 있다면, 그 문제는 과감하게 찍고 넘어가도 됩니다. 참고로 '화법과 작문'은 표준점수 유불리를 없애기 위해서 한두 문항은 최고난도로 나올 가능성이 높습니다. 그런 문항이라고 판단되면 과감하게 찍고 다른 문제를 푸는 것도 괜찮은 전략입니다.

09

헷갈리는 두 개의 선지 중에 정답을 찾는 세 가지 요령

문제 풀 때 헷갈리는 선지가 두 개 남는 경험 많이들 해봤을 거예요. 이상하게 내가 고른 건 늘 오답이고, 선택하지 않은 게 정답일 때가 많죠? 만약 이런 고민의 과정 없이, 아무 고민 없이 고른 선지가 정답이 아니라 오답이라면 그건 진짜 문제입니다. 이런 경우 '의문사' 당했다고도 표현하기도 하죠.

근데 좋은 문제는 원래 선지 두 개를 놓고 고민하도록 구성이 돼요. 따라서 공부를 어느 정도 한 학생들이 선지 두 개, 즉 정답과 매력적인 오답 사이에서 고민하는 건 자연스러워요. 틀렸다고 좌절하지 말고, 오히려 약점을 잡을 기회로 여기세요. 자신의 판단기준을 교정할 수 있는 가장 좋은 도구입니다. 틀리지 않았더라도 선지 두 개를 놓고 헷갈린 문제는 꼭 "국어 오답 노트는 거창할수록 독이다"에서 알려준 방법대로 정리해보세요. "어떤 기준으로 선지를 판단해야 정답을 쉽게 찾을 수 있을까?"를 고민하는 과정에서 판단기준이 정립되고 점수가 오릅니다. 만약 개념어나 어휘를 몰라서 선지가 헷갈렸다면 이 또한 따로 잘 정리해두어야 하고요. 특히 문학은 '운율감이 느껴지는 말투', '담화 표지', '입체감', '시적 긴장감', '내적 갈등' 등의 개념을 모른다면 정답을 고르기 힘들 수밖에 없습니다.

자, 지금까지 너무 뻔한 이야기만 했나요? 그래서 실전에서 쓸 만한 세 가지 요령을 소개합니다. 상위권 학생들은 느낌적인 느낌으로 이 방법들을 이미 쓰고 있는 경우도 많을 거예요.

헷갈리는 선지 대처법 1 – 발문에서 정답의 기준을 다시 확인한다

발문(문두)에 제시된 정답의 기준은 보통 두 개 이상입니다. 이때 어느 한 개라도 놓치게 되면 정답이 하나로 좁혀지지 않고 갈팡질팡하게 됩니다. 대표적인 사례는 다음과 같습니다.

> 사례 1) "윗글에 따라, '폐어 단계'에서 관찰할 수 있는 호흡계 구조를 〈보기〉에서 찾아 바르게 묶은 것은?"

여기서 '호흡계'라는 부분을 대충 읽고, "폐어 단계" 때 관찰되는 구조를 찾으라는 뜻이구나!" 하고 문제를 풀면 답이 안 보입니다. 소화계 구조를 제외한 호흡계 구조만을 골라야 정답이 1개로 확정됩니다.

사례 2) "윗글을 읽은 학생이 심화 학습을 하기 위해 설정한 주제로
  적절하지 <u>않은</u> 것은?"

'심화 학습'이라는 부분을 대충 읽고, "결국 윗글의 내용과 일치하
지 않는 것을 찾으라는 말이구나!" 하고 풀면 답이 안 보입니다. 오히
려 지문의 내용과 완전히 일치하는 내용을 찾아야 하죠. 윗글에서 뻔
히 확인할 수 있는 선지는 심화 학습이 아니라 기본 학습이기 때문입
니다.

헷갈리는 선지 대처법 2 - 지문의 핵심을 떠올린다

문제는 지문의 이해도를 평가하기 위해 존재합니다. 그렇다 보니 세
세한 내용을 컴퓨터처럼 기억하지 못해도, 지문의 핵심 내용을 이해
했다면 어렵지 않게 풀 수 있도록 출제되지요. 치사하게 지엽적인 내
용을 정답으로 만들지 않습니다. 따라서 정답이 잘 안 보일 때는 지문
의 핵심을 떠올려 보세요. 이렇게 하면 오답이 왜 틀렸는지 세세하게
답하기 어려워도 정답을 쉽게 고를 수 있을 때가 많을 겁니다. 이는
국어 고득점 학생들이 경험적으로 알고 있는 내용이기도 합니다.

헷갈리는 선지 대처법 3 - 선지로부터 흐름을 역추적한다

국어도 검산을 할 수 있습니다. 수학을 검산할 때 어떻게 하죠? 정
답이라고 생각되는 것을 문제에 대입해보지 않나요? 만약 문제에 대

입했는데 적절하지 않다면, 대입한 답이 정답이 아니라고 판단하잖아요. 국어도 비슷한 방법을 쓸 수 있습니다. "이게 정답이라면?" 하고 지문, 발문, 〈보기〉가 어떠해야 하는지 역추적해보는 겁니다.

역추적이 뭔지 감이 잘 안 오죠? 예를 들어, 적절한 비판을 고르는 문제의 선지로 "사형제를 폐지하면 범죄가 늘어날 것이다"가 제시되었다고 해봅시다. "이게 정답이라면 지문에 어떤 내용이 제시되어야 할까요?" 하고 생각해 보는 게 바로 역추적입니다. 당연히 "사형제를 폐지해야 한다"라는 주장이 제시되어야 합니다. 그런데 지문에 사형제를 폐지해야 한다는 주장이 없다면, 해당 선지는 적절한 비판이 아니라고 확신할 수 있습니다.

기술의 정리

모의고사에서 헷갈려 틀린 문제가 오히려 기회일 수 있어요.

선지 두 개를 놓고 헷갈린다는 것은, 판단기준이 흐릿하다는 증거입니다. 그럴 때마다 해당 문제를 검토하여 자신의 판단기준을 업데이트하세요. 이런 과정을 계속 하다 보면, 어느덧 출제기관과 유사한, 정확도 높은 판단기준을 갖게 될 겁니다. 틀린 문제, 헷갈린 문제가 스승이니까요.

수능 국어가 난생처음인 너를 위한

국어
공부의기술

초판 3쇄 발행   2023년 11월 7일
초판 1쇄 발행   2022년 4월 1일

글 ｜ 이해황
일러스트 ｜ JUNO

발행인 ｜ 손은진
개발 책임 ｜ 김문주
개발 ｜ 김숙영, 서은영, 민고은
디자인 ｜ 이정숙, 조경은
제작 ｜ 이성재, 장병미

발행처 ｜ 메가스터디(주)
주소 ｜ 서울시 서초구 효령로 304 국제전자센터 24층
대표전화 ｜ 1661-5431
홈페이지 ｜ http://www.megastudybooks.com
출판사 신고 번호 ｜ 제 2015-000159호
출간제안/원고투고 ｜ writer@megastudy.net

*잘못된 책은 구입하신 곳에서 바꾸어 드립니다.

메가스터디BOOKS

'메가스터디북스'는 메가스터디㈜의 출판 전문 브랜드입니다.
유아/초등 학습서, 중고등 수능/내신 참고서는 물론, 지식, 교양, 인문 분야에서 다양한 도서를 출간하고 있습니다.